国家出版基金项目
NATIONAL PUBLICATION FOUNDATION

U0662291

汉画总录

6

绥德

GUANGXI NORMAL UNIVERSITY PRESS
广西师范大学出版社

·桂林·

The Getty Foundation

本项目研究得到盖蒂基金会的资助。
Research for this publication was supported by a grant from the Getty Foundation.

项目统筹　汤文辉　罗文波　李　琳
责任编辑　赵　艳　李茂军　李苏澜
装帧设计　李若静　陆润彪　刘　凛　黄　赟
责任技编　伍智辉

图书在版编目（CIP）数据

汉画总录. 6，绥德 / 康兰英，朱青生主编. —桂林：
广西师范大学出版社，2012.8（2023.3 重印）
　ISBN 978-7-5495-3119-6

Ⅰ. 汉…　Ⅱ. ①康…②朱…　Ⅲ. ①画像砖－史料－
研究－中国－汉代②画像砖－史料－研究－绥德县－汉代
Ⅳ. K879.444

中国版本图书馆 CIP 数据核字（2012）第 305831 号

广西师范大学出版社出版发行

（广西桂林市五里店路 9 号　邮政编码：541004）
（网址：http://www.bbtpress.com）
出版人：黄轩庄
全国新华书店经销
广西广大印务有限责任公司印刷
（桂林市临桂区秧塘工业园西城大道北侧广西师范大学出版社集团
有限公司创意产业园内　邮政编码：541199）
开本：787 mm × 1 092 mm　1/16
印张：16.25　　字数：100 千字
2012 年 8 月第 1 版　　2023 年 3 月第 2 次印刷
定价：800.00 元

如发现印装质量问题，影响阅读，请与出版社发行部门联系调换。

序

　　文字记载，图画象形。人性之深奥、文化之丰富俱在文献形相之中；史实之印证、问题之追索无非依靠文字图形。[1] 汉画乃有汉一代形相与图画资料之总称。

　　汉代之前，有各种物质文化遗迹与形相资料传世。但是同时代文献相对缺乏，虽可精观细察，恢复格局，重组现象，拾取位置、结构和图像信息，然而毕竟在紧要处，但凭推测，难于确证。汉代之后，也有各种物质文化遗迹与形相资料传世，但是汉代之前问题不先行获得解释，后代的讨论前提和基础就愈加含糊。尤其渊源不清，则学难究竟。汉代的文献传世较前代为多，近年汉代出土文献日增，虽不足以巨细问题尽然解决，但是与汉代之前相比，判若文献"可征"与"不可征"之别。所以，汉画作为中国形相资料的特殊阶段，据此观察可印之陈述，格局能佐之学理，现象会证之说明；位置靠史实印证，结构倚疏解诠释。因图像信息与文字信息的双重存在，将使汉画成为建立中国图像志，用形相学的方法透入历史、文化和人性的一个独特门类。此汉画作为中国文化研究关键理由之一。

　　两汉之世事人情、典章制度可以用文字表达者俱可在经史子集、竹帛简牍中钩沉索隐，而信仰气度、日常生活不能和不被文字记述者，当在形相资料中考察。形者，形体图像；相者，结构现象。事隔两千年形成古今感受之间的千仞高墙，得汉画其门似可以过入。而中国文明的基业，多始于汉代对前代的总结、集成而制定规范；即使所谓表率万世之儒术，亦为汉儒所解释而使之然。诸子学说亦由汉时学人抄传选择，隐显之功过多在汉人。而道德文章、制度文化之有形迹可以直接回溯者，更是在汉代确立圭臬，千秋传承，大同小异，直至中国现代化来临。往日的学术以文字文献为主，自从进入图像传播时代，摄影、电视造成了人类看待事物的新方法，养成了直接面对图像的解读能力。于是反观历史，对于形相资料的重视与日俱增。因此，由于汉代奠定汉族为主

---

[1] 对于古史，有所谓四重证据法：传世文献＋出土文献＋出土文物＋依地形、位置和建筑建构遗存复原的文化环境设想。但任何史实，多少都有余绪流传至今，则可通过现今活态遗存，以今证古，这是西方人类学、文化地理学中使用的方法。例如，可从近日的墓葬石工技艺中考溯汉代制作；再如，今日非物质文化遗产中的祭祀庆典仪式，其中可能有此地同族举行同类型活动的延承，正所谓"礼失而求诸野"。所以，对于某些历史对象，可以采用"六重证据法"：传世文献＋出土文献＋出土文物＋复原的文化环境设想＋现今活态遗存＋试验考古（即用当时的工具、材料、技术、观念重新试验完成一遍古代特定的任务）。对问题的追索无非依靠文字和形相两种性质的材料，故略称"文字图形"。

体的文明而重视汉代，由于读图观相的时代到来而重视图画，此汉画之为中国文化研究关键理由之二。

"汉画"沿用习称。《汉画总录》关注的汉画包括画像石、画像砖、帛画、壁画、器物纹样和重要器物、雕刻、建筑（宗教世俗场所和陵墓）。所以，与《汉画总录》互为表里的国家图像数据库[2] 则称之为"汉代形像资料"，是为学术名称。

汉画研究根基在资料整理。图像资料的整理要达到"齐全"方能成为汉画学的基础。所谓齐全，并非奢望汉代遗迹能够完整留存至今，而是将现存遗址残迹，首先确定编号，梳理集中，配上索引，让任何一位学者或观众，有心则可由之而通览汉代的形相资料总体，了解究竟有多少汉代图形存世。能齐观整体概况，则为齐也。如果进一步追索文化、历史和人性的问题，则可利用这个系统，有条理、有次序地进入浩瀚的形相数据，横征纵析，采用计算机详细精密的记录手段和索引技术，获取现有的全部图像材料。与我们陆续提供给学界的"汉代古文献全文数据库"和"中文、西文、日文研究文献数据库"互为参究，就能协助任何课题，在一个整体学科层面上开展，减少重复，杜绝抄袭，推动研究，解决问题。能把握学科动态则为全也。《汉画总录》是与国家图像数据库相辅相成的一个长期文化工程，是依赖全体汉画学者努力方能成就的共同事业。一事功成，全体受益。如果《汉画总录》及其索引系统建成完整、细致、方便的资料系统，汉画学的推进，可望会有飞跃。对其他学科亦不无帮助。

汉画编目和《汉画总录》的编辑是烦琐而细致的工作。其平常在枯燥艰苦的境况中日以继夜。此事几无利益，少有名声，唯一可以告慰的是我们正用耐心的劳动，抹去时间的风尘，使中国文明之光的一段承载——汉画，进入现代学术的学理系统中，信息充溢，条理清楚，惠及学界。况且汉画虽是古代文化资料，毕竟养成和包蕴汉唐雄风；而将雄风之遗在当今呈现，是对中国文明的贡献，也是为人类不同文明之间更为深刻的互相理解和世界在现代化中的发展提示参照。

人生有一事如此可为，夫复何求？

编　者

2006 年 7 月 25 日

---

[2] 2005年文化部将中国汉代图像信息综合调查与数据库项目纳入"国家数据库专项"系统。

编辑体例

《汉画总录》包括编号、图片、图片说明、图像数据、文献目录、索引六部分内容。

1. 编号

为了研究和整理的需要，将现有传世汉画材料统一编号。编号工作归属于一个国家项目协调（《中国汉代图像信息综合调查与数据库》为国家艺术科学"十五"规划项目）。方法是以省、区编号（如陕西 SSX，山西 SX）加市、县，或地区编号（如米脂 MZ）再加序列号（三位），同一汉画组合中的部件在序列号之后加横杠，再加序列号（两位）。比如米脂党家沟左门柱，标示为 SSX-MZ-005-01（说明：陕西—米脂—党家沟画像石墓—左门柱）。编号最终只有技术性排序，即首先根据"地点"的拼音缩写的字母排列顺序，在同一地点的根据工作序列号的顺序排序。

地点是以出土地为第一选择，不在原地但仍然有确切信息断定其出土地的，归到出土地编号，并在图片说明中标示其收藏地和版权所有者。如果只能断定其出土地大区（省、区），则在小区（市、县、地区）部分用"××"表示。比如美国密西根大学博物馆藏的出自山东某地，标示为 SD-××-001。如果完全不能断定其出土地点，则以收藏地点缩写编号。

编号完成之后，索引、通检和引证将大为方便。论及某一个形象或画面，只要标注某编号，不仅简明统一，而且可以在《汉画总录》和与此相表里的国家图像数据库（文化部将中国汉代图像信息综合调查与数据库项目纳入"国家数据库专项"系统）中根据检索方法立即找到其照片、拓片、线图、相关图像和墓葬的全部信息，以及关于这个对象尽可能全面的全部研究成果，甚至将来还可以检索到古文献和出土文献的相关信息，以及同一类型图像或近似图像的公布、保存和研究情况。

2. 图片

记录汉代画像石、画像砖的图片采取拓片、照片和线图相比照的方式处理。[1] 传统著录汉画的方式是拓片，拓片的特点是原尺寸拓印。同时，拓片制作时存在对图像的取舍和捶拓手工轻重粗精之别，而成为独立于原石的艺术品。拓片不能完整记录墓葬中画像砖石的相互衔接和位置关系，以及墓葬内的建筑信息，无法记录画像石上的墨线和色彩，对于非平面的、凸凹起伏的浮雕类画

---

[1] 由于在《汉画总录》的编辑方针中，将线描用于对图像的解释和补充，线描制作者的观点和认识会有助于读者理解，但也形成了一定的误导和局限，因此在无必要时，将逐步减少线描的数量，而把这个工作留待读者在研究时自行完成。

像砖石，也不能有效地记录其立体造型。不同拓片制作者以及每次制得的拓片都会有差异。使用拓片一个有意无意的后果是拓片代替原石成为研究的起点，影响了对画像石的感受和认知。拓片便利了研究的同时也限制了研究。只是有些画像砖石原件已失，仅存拓片，或者原石残损严重，记录画像砖石的拓片则为一种必要的方法。

照片对画像砖石的记录可以反映原件的质地和刻划方法、浮雕的凸凹起伏，能够记录砖石上的墨线和色彩，是高质量的图像记录中不可缺失的环节。线图可以着重、清晰地描绘物像的造型和轮廓，同时作为一种阐释的方法，可以展示、考察、记录研究者对图像的辨识和推证。采取线图、照片、拓片相结合的途径记录画像砖石，可相互取长补短，较为完备。

帛画、壁画和器物纹样一般采用照片和线图。

其他立体图像采用照片、三维计算机图形、平面图和各种推测性的复原图及局部线图。组合图与其他图表的使用，在多部组合关系明确的情况下，一般会给出组合图加以标明，用线描图呈现；在多部组合而关系不明确的情况下则或缺存疑。其他测绘图、剖面图、平面图以及相关列表等均根据需要，随著录列出，视为一种图解性质的"说明"。[2]

3. 图片说明

图片说明分为两个部分。其一是关于图片的基本信息，归入"4. 图像数据"中说明；其二是对于图像内容的描述。描述古代图像时，基于古今处在不同的观念体系中的这一个基本前提，采取不同方式判定图像。

3.1 尝试还原到当时的概念中给予解释[3]，在此方向下通常有两种途径。

3.1.1 检索古代文献中与图像对应的记载或描述，作出判定。但现存的问题，一是并非所有图像都能在文献中找到相应的记载或解释，即缺乏完备性；二是这种对应关系是人为赋予的，文献

---

[2] 根据编辑需要，在材料和技术允许的情况下，会给出部分组合关系图。由于编辑过程受到各种条件的限制，尽其努力也无法解决全卷缺少部分原图、拓片、线图的情况，或者极个别原石尺寸不齐的情况，目前保持阙如，待今后在补遗卷中争取弥补。

[3] 任何方式中我们都不可能完全脱离今人的认识结构这一立足点，不可能清除解释过程中"我"的存在，难以避免以今人的观念结构去驾驭古代的概念。完全回到当时当地观念中去只是设想。解释策略决定了解释结果。在第一种方式中，我们的目的不是把自己置换到古人的处境中去体验，而是去认识古人所用概念及其间结构关系。

与图像并不存在必然的联系，且不同研究者可能做出不同的判断[4]；三是现存文献只是当时多种版本的一种，民间工匠制作画像石所依据的口述或文字版本未必与经过梳理的传世文献（多为正史、官方记录和知识分子的叙述）相符。

3.1.2 依据出土壁画上的题记、画像砖石上的榜题、器物上的铭文等出土文字材料，对相应图像做出判定，这种方式切近实况，能反映当时当地的用语，但是能找到对应题记的图像只占图像总体的一小部分。

3.2 在缺失文献的情况下，重构一种图像描述的方式——尽量类型化并具有明晰的公认性。如大量出现的独角兽，在尚不确定称其为"兕"还是"獬豸"时，便暂描述为独角兽，尽管现存汉代文献中可能无"独角兽"一词。同时，图像描述采取结构性方式，即先不做局部意义指定，而是在形状—形象—图画—幅面—建筑结构—地下地上关系—墓葬与生宅的关系—存世遗迹和佚失部分（黑箱）之间的关系等关系结构中，判定图像的性质或意义。尽管没有文字信息，图像在画面和墓葬中的位置和形相关系提供了考察其意义和功能的线索。

在实际图片说明中，上述两种方式往往并用。对图像的描述是在意识到这些问题的情况下展开的，部分指谓和用语延承了以往的研究，部分使用了新词，但都不代表对图像含义的最终判定，而只是一种描述。

4. 图像数据

图片的基本信息（诸如编号、尺寸、质地、时代、出土地、收藏单位等）实际上是图像数据库的一个简明提示。收入的汉画相关信息通过数据库的方式著录，其中包括画像石编号、拓片号、原石照片编号、原石尺寸[5]、画面尺寸、画面简述、时代、出土时间、征集时间、出土地[6]、收藏单位、原收藏号、原石状况（现状）、所属墓葬编号[7]、组合关系、著录与文献等项。文字、质地、色

[4] 关于此前题材判定和分类的方法和问题，参见盛磊《四川汉代画像题材类型问题研究》，硕士学位论文，北京大学，2002年。

[5] 原石尺寸的单位均为厘米，书中不再标识。

[6] 出土与征集的区分以是否经过科学发掘为界，凡经正式发掘（无论考古报告发表与否）均记为出土，凡非正式发掘（即使有明确出土地点和位置）均记为征集。

[7] 所属墓葬因发掘批次和年代各异，故记为发掘时间加当时墓葬编号，如1981M3表示党家沟1981年发掘的第3号墓葬。

彩、制作者、订件人、所在位置、相关器物、鉴定意见、发现人中有可著录者，均在备注项中列出。画像石墓表包括墓葬所在地、时代、墓葬所处地理环境、封土情况、发现和清理发掘时间、墓向、墓葬形制、随葬器物、棺椁尸骨、画像石装置，发现人、发掘主持人也在备注项中注出。建立数据库的目的和价值在于对数据库中的所有记录进行检索、比较、统计、分析，以期达到研究的完备性和规范性。[8]

5. 文献目录

文献目录列出一个区域（指对汉画集中地区的归纳，如陕北、南阳、徐州、四川等，多根据汉画研究的分区，而非严格的行政区划）有关汉画内容的古文献、研究论著和论文索引，并附内容提要。在每件汉画著录中列专项注出其相关研究文献。

6. 索引

按主题词和关键词建立索引项，待全部工作结束之后，做成总索引。因为《汉画总录》的分卷编辑虽然是按现在保管地区为单位齐头并进，但各种图像材料基本按出土地点各归其所，所以地名部分不出分卷索引，只在总索引中另行编排。

朱青生

北京大学历史学系艺术史教研室

北京大学汉画研究所

2006 年 7 月 31 日

---

[8] 对于存在大量样本和繁杂信息的研究对象，数据库的应用是有效的。在考古类型学中，传统的制表耗费时力，且不便记忆和阅读，细碎的分类常有割裂有机整体之弊。《汉画总录》的设想是：（1）无论已有公论还是存疑的图像，一律不沿用旧有的命名及在此基础上的分类，而按一致的规范和方法记录；（2）扩大图像信息的范畴，全面记录相关要素，包括出土状况（发掘/清理/收集）、发现人、出土时间、出土地点及其所属古代区划、画像材质、尺寸、所属墓葬形制、画像位置、随葬器物及其位置、画像保存状况、铭文、已有断代、画像资料出处、相关图片、相关研究、收藏地等。图像则记录单位图像的位置及其间的组合情况；（3）利用数据库，按不同线索和层次对图像信息进行查询、检索，根据统计结果作出判断。

目　录

前　言 ·· 12

图　录 ·· （以汉画总录编号排列）

SSX-SD-091-01 ·· 16

SSX-SD-091-02 ·· 18

SSX-SD-091-03 ·· 20

SSX-SD-091-04 ·· 22

SSX-SD-091-05 ·· 24

SSX-SD-092-01 ·· 28

SSX-SD-092-02 ·· 30

SSX-SD-092-03 ·· 32

SSX-SD-092-04 ·· 34

SSX-SD-092-05 ·· 36

SSX-SD-093-01 ·· 38

SSX-SD-093-02 ·· 42

SSX-SD-093-03 ·· 44

SSX-SD-094 ··· 46

SSX-SD-095-01 ·· 48

SSX-SD-095-02 ·· 50

SSX-SD-095-03 ·· 52

SSX-SD-095-04 ·· 54

SSX-SD-096-01 ·· 58

SSX-SD-096-02 ·· 62

SSX-SD-096-03 ·· 64

SSX-SD-096-04 ·· 66

SSX-SD-096-05 ·· 68

SSX−SD−097···70

SSX−SD−098−01···74

SSX−SD−098−02···77

SSX−SD−098−03···80

SSX−SD−098−04···82

SSX−SD−098−05···84

SSX−SD−099−01···86

SSX−SD−099−02···90

SSX−SD−099−03···92

SSX−SD−100−01···94

SSX−SD−100−02···96

SSX−SD−100−03···98

SSX−SD−100−04···100

SSX−SD−100−05···102

SSX−SD−100−06···106

SSX−SD−100−07···110

SSX−SD−100−08···112

SSX−SD−100−09···114

SSX−SD−100−10···116

SSX−SD−100−11···118

SSX−SD−100−12···120

SSX−SD−100−13···122

SSX−SD−100−14···124

SSX−SD−100−15···126

SSX−SD−100−16···128

SSX−SD−100−17···130

SSX－SD－100－18 ···132

SSX－SD－100－19 ···134

SSX－SD－100－20 ···138

SSX－SD－100－21 ···141

SSX－SD－100－22 ···144

SSX－SD－100－23 ···148

SSX－SD－100－24 ···150

SSX－SD－100－25 ···152

SSX－SD－100－26 ···154

SSX－SD－101 ···156

SSX－SD－102 ···158

SSX－SD－103－01 ···162

SSX－SD－103－02 ···164

SSX－SD－103－03 ···166

SSX－SD－103－04 ···168

SSX－SD－103－05 ···170

SSX－SD－103－06 ···174

SSX－SD－103－07 ···176

SSX－SD－103－08 ···178

SSX－SD－103－09 ···180

SSX－SD－103－10 ···182

SSX－SD－103－11 ···186

SSX－SD－103－12 ···188

SSX－SD－103－13 ···190

SSX－SD－103－14 ···192

SSX－SD－103－15 ···195

SSX—SD—103—16 ···200

SSX—SD—103—17 ···202

SSX—SD—103—18 ···205

SSX—SD—103—19 ···210

SSX—SD—103—20 ···214

SSX—SD—103—21 ···216

SSX—SD—103—22 ···218

SSX—SD—103—23 ···220

SSX—SD—104—01 ···222

SSX—SD—104—02 ···224

SSX—SD—105—01 ···226

SSX—SD—105—02 ···228

SSX—SD—106 ···230

SSX—SD—107—01 ···234

SSX—SD—107—02 ···236

SSX—SD—107—03 ···238

SSX—SD—107—04 ···240

SSX—SD—107—05 ···242

SSX—SD—108 ···244

SSX—SD—109—01 ···246

SSX—SD—109—02 ···248

SSX—SD—109—03 ···250

SSX—SD—109—04 ···252

SSX—SD—109—05 ···252

SSX—SD—100—27 ···253

前　言

　　目前全国画像石的分布区域，大致划定了四个大区，陕北为其一。按照今天的行政区划，陕北应包括延安、榆林两个地区。早在 20 世纪 20 年代发现郭季妃夫妇合葬墓画像石以来，榆林地区所辖的十二个县中，绥德、米脂、神木、榆阳区、靖边、横山、子洲、清涧、吴堡等地不断发现画像石，截至目前，数量已逾 1200 块。北部相邻的内蒙古地区壁画墓的发现和少量的画像石出土，说明画像石的流行地域已经北至内蒙古包头一带。[1] 东南部隔黄河相望的山西省晋西北离石地区大量和陕北画像石风格相一致的画像石的发现，均打破了今天关于"陕北"的行政区划。而南部与榆林毗连区划属于"陕北"的延安地区却至今未见有汉代画像石出土的报道。

　　汉代的上郡、西河、朔方等郡同属并州。上郡辖地极广，东部已过黄河，西部至梁山山脉，北部跨越圁水直至无定河流域，南部尽桥山包括了延安地区的部分地域。西河郡本魏地，战国末并入秦。大致范围在今内蒙古伊克昭盟、榆林市、晋西北地区。顺帝永和五年（公元 140 年）汉王朝迫于匈奴的军事威胁，将西河郡治所由内蒙古的平定迁至今山西省离石县。今陕北榆林地区和山西省吕梁地区、内蒙古中南部部分地区分别是上郡和西河郡的辖地，画像石就出在汉代上郡和西河郡的辖地范围内。因此，目前，不论从汉代郡县的格局和范围，还是从今天的行政区划来看，加上画像石出土情况的佐证，"陕北画像石"这一习惯性称谓显然不准确，以行政区划分别称之"榆林地区画像石"、"晋西北画像石"、"伊克昭盟画像石"较为合适。

　　榆林地区画像石墓主要分布在盛产石板的汉代郡县设置地的周围，即今无定河流域的绥德、米脂、子洲、清涧、吴堡县，突尾河流域的神木县，位于长城沿线，又在无定河流域的榆阳区、横山、靖边三县均有发现。神木县大保当、乔岔滩，榆阳区麻黄梁、红石桥的画像石出土地，已跨越长城以外。画像石中狩猎题材的画面，头戴胡帽、身着异服、脚蹬筒靴的牵驼人，舞者，技击者形象，墓葬中以狗、羊、鹿杀殉的习俗，残留的随葬器物铜马具、带扣等，明显具有匈奴文化特征；肩部篆刻"羌"字的陶罐，明显反映了羌人的遗风。这些实物资料对于研究古代北方多民族聚居的大概情形弥足珍贵。

　　秦汉时期，上郡、西河郡均为边郡之地，屯兵必多，加上移民实边的人数增加，促进了这一带的农牧业、手工业和商业的大发展，随之产生了众多大地主、大牧主、经商富户，还有那些戍边的将士，他们或者富甲一方，或者权势赫赫，在盛产石板的上郡、西河郡的辖地范围内，众多权势之流、富豪之辈，争相效仿，营造规格相对较高的画像石墓的群体逐渐形成，用画像石装饰

---

[1]　《包头发现汉代彩绘画像石墓》，载《美术观察》2008年第11期，34页。

墓室的葬俗便风行起来。绥德县黄家塔、四十里铺、延家岔，米脂县官庄，神木县大保当均有大的画像石墓葬群遗存。从铭刻文字的纪年石看，黄家塔、官庄同一墓地近距离内出土的多块铭刻王姓、牛姓的铭文，可证明是王氏、牛氏家族墓地。依据墓葬的排列形式、布局、墓室内的遗存，结合铭刻的文字内容，对于研究家族墓地形成的时代以及家族辈分之间的承袭关系都是不可多得的实物佐证。

汉代上郡、西河郡一带一定有些享誉一时的能工巧匠，绥德黄家塔辽东太守墓出土的画像石上铭刻的"巧工王子、王成"就是其中的代表。神木大保当、绥德郝家沟、榆阳区麻黄梁出土的画像石上，形制规格完全相同的长方形印记，是否就是当时某个活跃在从神木到绥德数百里地域内的知名匠师或石工作坊的标识，也是我们探索诸如区域性艺术和不同工匠的技术水平、传统特色的实物依据。

榆林地区画像石产生、盛行的时代背景（包括政治、经济、文化、观念和习俗），与其他地区画像石的源流关系、地域性差异，制作画像石的匠师、石工的组合及流派，使用格套模本的制作习惯、地域习惯和流行风气等因素所起的作用，同一题材的单元在画像石中的应用、同一题材的画像石在墓室设放的位置，特定区域不同时期的画像题材、技法和风格变化，等等，都是有待进一步追索的课题。

《汉画总录》1—10卷采用数据库方式著录目前所能收集到的画像石的原石照、拓片和线描图，编辑时不对所见材料做任何刻意诠释，而是作为对榆林地区画像石进行整体性观察和研究的较为全面的基础样本。

《汉画总录》编辑部

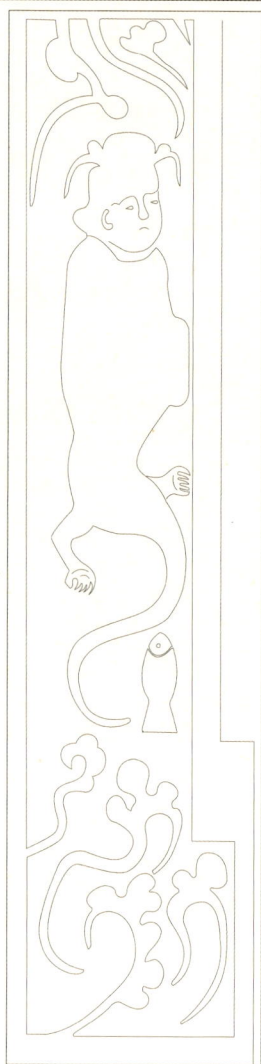
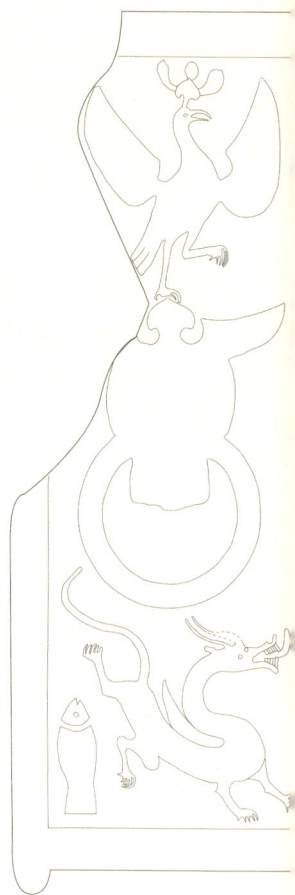

辛店乡刘家湾墓门面五石组合
SSX-SD-091-01—SSX-SD-091-05

编号	SSX-SD-091-01
时代	东汉
原收藏号	2176-48
出土地	辛店乡刘家湾
原石尺寸	168×44×9
画面尺寸	162×41
质地	砂岩
原石情况	正面、背面平整，上侧面呈毛石状，下侧面平整，中部素面，两端凿凿细斜纹，左、右侧面呈毛石状。
所属墓群	不详
组合关系	门楣石，与左、右门柱、左、右门扉为墓门面五石组合。
画面简述	画面为对称式构图。正中一羚羊，两边分别为羽人骑鹿、天马奔走。左、右两上端分别阳刻一圆形，象征日、月。日（月）轮左下方为仙鹤收翅展仁立，作叼鱼状。右下方为仙鹤展翅单腿独立，作叼鱼状。空白处卷云缭绕。
著录与文献	李林、康兰英、赵力光：《陕北汉代画像石》，西安：陕西人民美术出版社，1995年，图277；汤池：《中国画像石全集5：陕西、山西汉画像石》，济南：山东美术出版社，2000年，图108；绥德汉画像石展览馆编，李贵龙、王建勤主编：《绥德汉代画像石》，西安：陕西人民美术出版社，2001年，26页，图7；曹世玉总编：《绥德文库——汉画像石卷》，北京：中国文史出版社，2004年，54页，图15。
出土/征集时间	1976年征集
收藏地	绥德县博物馆

编号	SSX-SD-091-02
时代	东汉
原收藏号	2177-49
出土地	辛店乡刘家湾
原石尺寸	128×32×8
画面尺寸	124×26
质地	砂岩
原石情况	正面平整。
所属墓群	不详
组合关系	左门柱，与门楣石，右门柱，左、右门扉为墓门面五石组合。
画面简述	画面上为人首人身蛇尾神。从头梳垂髻髻看，应为女娲。蛇尾下刻一鱼。上、下有卷云补白。
著录与文献	李林、康兰英、赵力光：《陕北汉代画像石》，西安：陕西人民出版社，1995年，图278；汤池：《中国画像石全集5：陕西、山西汉画像石》，济南：山东美术出版社，2000年，图110；绥德汉画像石展览馆编，李贵龙、王建勤主编：《绥德汉代画像石》，西安：陕西人民美术出版社，2001年，26页，图7；曹世玉总编：《绥德文库——汉画像石卷》，北京：中国文史出版社，2004年，54页，图16。
出土/征集时间	1976年征集
收藏地	绥德县博物馆

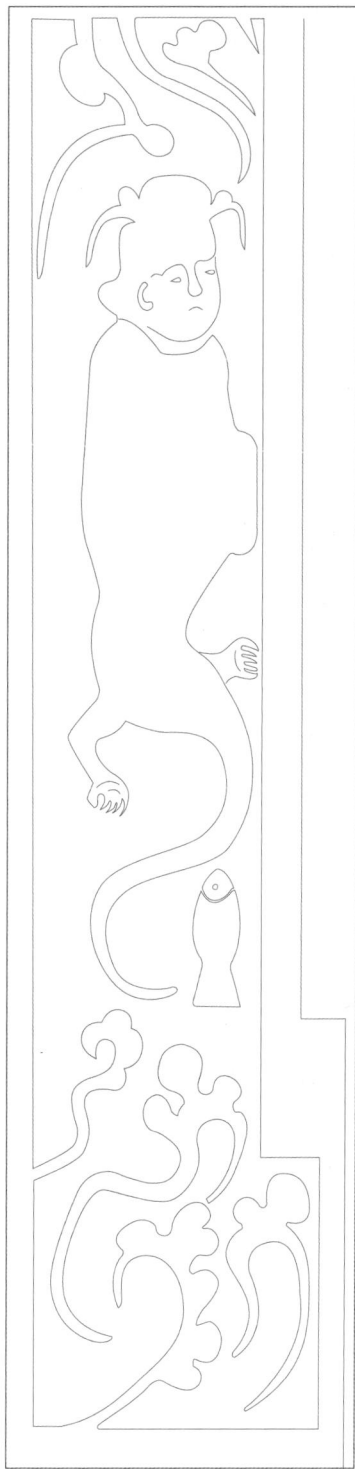

编号	SSX-SD-091-03
时代	东汉
原收藏号	2178-50
出土地	辛店乡刘家湾
原石尺寸	127×30×6
画面尺寸	123×25
质地	砂岩
原石情况	正面、背面、上侧面、下侧面、左侧面平整，右侧面呈毛石状。
所属墓群	不详
组合关系	右门柱，与门楣石，左门柱，左、右门扉为墓门面五石组合。
画面简述	画面上为人首人身蛇尾神，头上戴冠，从与左门柱的对应关系看，应为伏羲。上、下有卷云补白。门楣石，左、右门柱画面中鸟兽的眼，伏羲、女娲的五官均施加阴线刻。
著录与文献	李林、康兰英、赵力光：《陕北汉代画像石》，西安：陕西人民出版社，1995年，图281；汤池：《中国画像石全集5：陕西、山西汉画像石》，济南：山东美术出版社，2000年，图111；绥德汉画像石展览馆编，李贵龙、王建勤主编：《绥德汉代画像石》，西安：陕西人民美术出版社，2001年，26页，图7；曹世玉总编：《绥德文库——汉画像石卷》，北京：中国文史出版社，2004年，55页，图19。
出土/征集时间	1976年征集
收藏地	绥德县博物馆

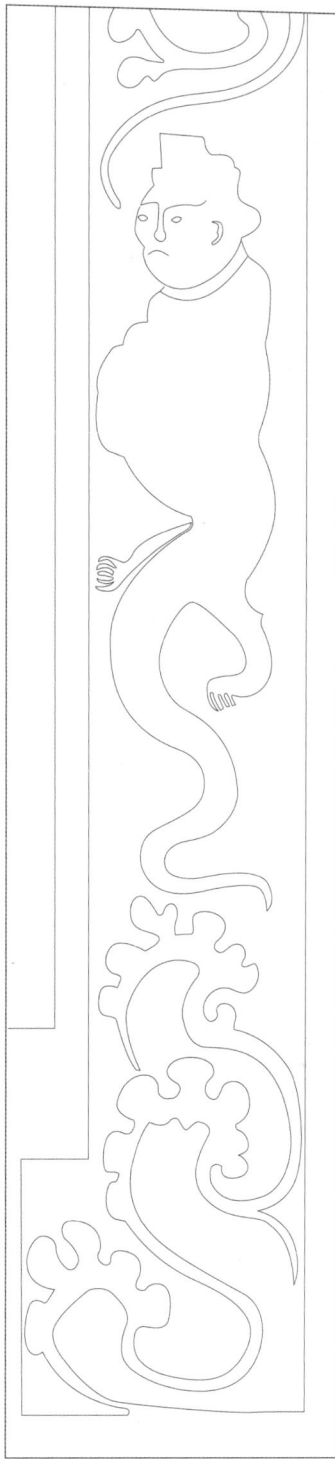

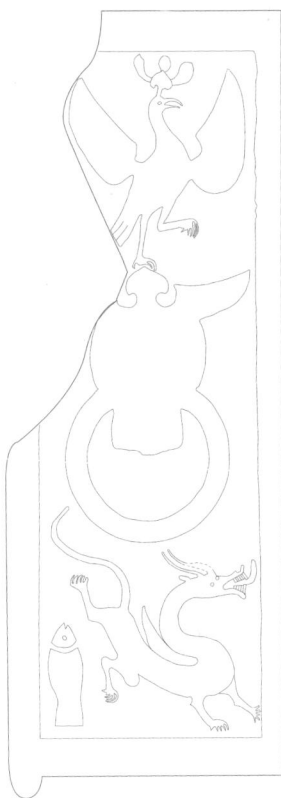

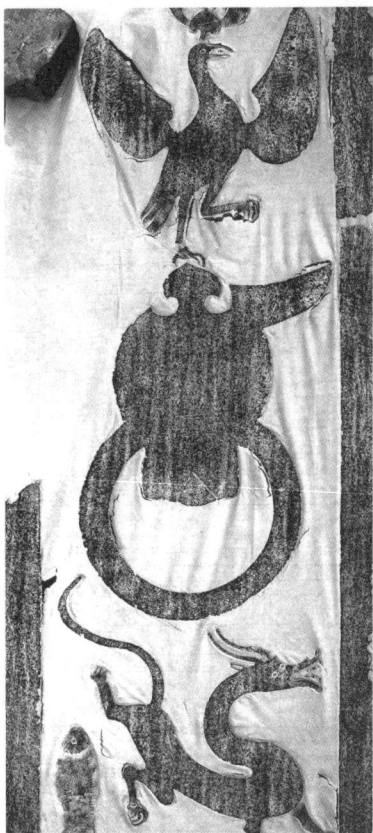

编号	SSX-SD-091-04
时代	东汉
原收藏号	2179-51
出土地	辛店乡刘家湾
原石尺寸	132×49×5
画面尺寸	112×37
质地	砂岩
原石情况	原石断为两截，左上部残缺。正面平整，背面欠平整；上侧面呈毛石状，下侧面有琢纹，突起 5.5×7.5 门竖；左侧面呈毛石状；右侧面平整，呈马蹄面。
所属墓群	不详
组合关系	左门扉，与门楣石，左、右门柱，右门扉为墓门面五石组合。
画面简述	朱雀、铺首、翼龙。龙身后补白一鱼。
著录与文献	李林、康兰英、赵力光：《陕北汉代画像石》，西安：陕西人民出版社，1995 年，图279；曹世玉总编：《绥德文库——汉画像石卷》，北京：中国文史出版社，2004 年，54 页，图 17。
出土/征集时间	1976 年征集
收藏地	绥德县博物馆

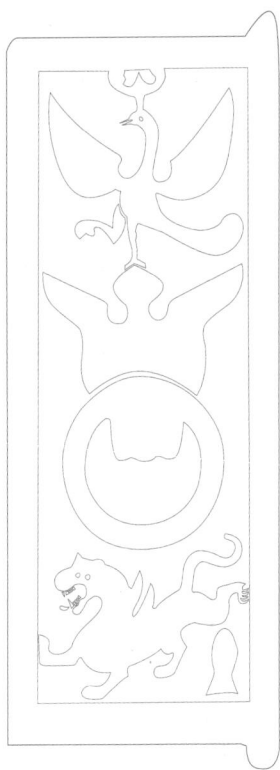

编号	SSX-SD-091-05
时代	东汉
原收藏号	2180-52
出土地	辛店乡刘家湾
原石尺寸	137×52×4
画面尺寸	113×38
质地	砂岩
原石情况	正面、背面平整；上侧面为毛石状；下侧面有琢痕，欠平整；左侧面平整，呈马蹄面；右侧面平整，刻斜纹，靠上部有平口凿纹。
所属墓群	不详
组合关系	右门扉，与门楣石，左、右门柱，左门扉为墓门面五石组合。
画面简述	朱雀、铺首、翼虎。虎身后补白一鱼。
著录与文献	李林、康兰英、赵力光：《陕北汉代画像石》，西安：陕西人民出版社，1995 年，图 280；汤池：《中国画像石全集 5：陕西、山西汉画像石》，济南：山东美术出版社，2000 年，图 109；曹世玉总编：《绥德文库——汉画像石卷》，北京：中国文史出版社，2004 年，55 页，图 18。
出土/征集时间	1976 年征集
收藏地	绥德县博物馆

辛店乡刘家湾墓门面五石组合
SSX-SD-092-01—SSX-SD-092-05

编号　SSX-SD-092-01

时代　东汉

原收藏号　2230-102

出土地　辛店乡刘家湾

原石尺寸　187×34

画面尺寸　147×31

质地　砂岩

原石情况　正面、背面、上侧面、下侧面平整，左、右侧面呈毛石状。

所属墓群　不详

组合关系　门楣石，与左、右门柱、左、右门扉为墓门面五石组合。

画面简述　画面分为内、外两栏。外栏为卷云鸟兽纹，其间穿插牛首、龙、鸟。内栏为车骑狩猎图。左边两猎手骑马飞奔，居上者张弓追射，前面兽奔驰。鸟惊飞。三辆轺车，一辆辎车随后奔驰，乘者飘飞的冠带，显示车速迅疾。

著录与文献　李林、康兰英、赵力光：《陕北汉代画像石》，西安：陕西人民出版社，1995年，图272；汤池：《中国画像石全集5：陕西、山西汉画像石》，济南：山东美术出版社，2000年，图121；绥德汉画像石展览馆编，李贵龙、王建勤主编：《绥德汉代画像石》，西安：陕西人民美术出版社，2001年，112页，图61；曹世玉总编：《绥德文库——汉画像石卷》，北京：中国文史出版社，2004年，244页，图200。

出土/征集时间　1976年征集

收藏地　绥德县博物馆

编号	SSX-SD-092-02
时代	东汉
原收藏号	2231-103
出土地	辛店乡刘家湾
原石尺寸	129×35
画面尺寸	109×26
质地	砂岩
原石情况	正面、背面、右侧面、上侧面平整，下侧面、左侧面呈毛石状。
所属墓群	不详
组合关系	左门柱，与门楣石，右门柱，左、右门扉为墓门面五石组合。
画面简述	画面分为内、外两栏。外栏为卷云鸟兽纹，其间穿插牛首、龙、羽人骑鸟，与门楣石的卷云鸟兽纹相衔接。内栏上格为西王母头梳垂髻髻，侧身坐于神树之巅，头顶有卷云状华盖。身前有鸟首怪兽，身后有玄武。神树间有狐、鸟。下格一门卒戴帻，着长襦大袴，拥彗面门而立。
著录与文献	李林、康兰英、赵力光：《陕北汉代画像石》，西安：陕西人民出版社，1995年，图273；汤池：《中国画像石全集5：陕西、山西汉画像石》，济南：山东美术出版社，2000年，图119；绥德汉画像石展览馆编，李贵龙、王建勤主编：《绥德汉代画像石》，西安:陕西人民美术出版社，2001年，164页，图95；曹世玉总编：《绥德文库——汉画像石卷》，北京：中国文史出版社，2004年，140页，图83。
出土/征集时间	1976年征集
收藏地	绥德县博物馆

编号	SSX-SD-092-03
时代	东汉
原收藏号	2232-104
出土地	辛店乡刘家湾
原石尺寸	129×35
画面尺寸	111×25
质地	砂岩
原石情况	正面、背面、上侧面平整；下侧面、右侧面呈毛石状；左侧面平整，凿斜纹。
所属墓群	不详
组合关系	右门柱，与门楣石，左门柱，左、右门扉为墓门面五石组合。
画面简述	画面分为内、外两栏。外栏为卷云鸟兽纹，其间穿插龙、虎、鸟，与横额石的卷云鸟兽纹相衔接。内栏上格为东王公头戴王冠，侧身坐于神树之巅，头顶有卷云状华盖。神树间有鸟伫立。下格一门卒戴冠着袍，捧简牍面门而立。
著录与文献	李林、康兰英、赵力光：《陕北汉代画像石》，西安：陕西人民出版社，1995年，图276；汤池：《中国画像石全集5：陕西、山西汉画像石》，济南：山东美术出版社，2000年，图120；绥德汉画像石展览馆编，李贵龙、王建勤主编：《绥德汉代画像石》，西安：陕西人民美术出版社，2001年，164页，图95；曹世玉总编：《绥德文库——汉画像石卷》，北京：中国文史出版社，2004年，140页，图84。
出土/征集时间	1976年征集
收藏地	绥德县博物馆

编号	SSX-SD-092-04
时代	东汉
原收藏号	不详
出土地	辛店乡刘家湾
原石尺寸	109×46
画面尺寸	不详
质地	砂岩
原石情况	正面平整。
所属墓群	不详
组合关系	左门扉，与门楣石，左、右门柱，右门扉为墓门面五石组合。
画面简述	朱雀，铺首、独角兽图。
著录与文献	李林、康兰英、赵力光：《陕北汉代画像石》，西安：陕西人民出版社，1995年，图274。
出土/征集时间	1976年征集
收藏地	绥德县博物馆

编号	SSX-SD-092-05
时代	东汉
原收藏号	不详
出土地	辛店乡刘家湾
原石尺寸	110×46
画面尺寸	不详
质地	砂岩
原石情况	正面平整。
所属墓群	不详
组合关系	右门扉，与门楣石，左、右门柱，左门扉为墓门面五石组合。
画面简述	朱雀，铺首。
著录与文献	李林、康兰英、赵力光：《陕北汉代画像石》，西安：陕西人民出版社，1995年，图275。
出土/征集时间	1976年征集
收藏地	绥德县博物馆

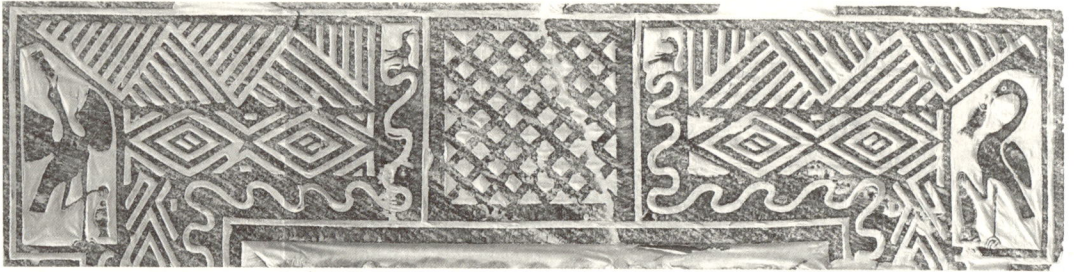

编号	SSX-SD-093-01
时代	东汉
原收藏号	2181-53
出土地	辛店乡刘家湾
原石尺寸	178×44
画面尺寸	173×41
质地	砂岩
原石情况	正面、上侧面、下侧面平整；左、右侧面平整，凿斜纹。
所属墓群	不详
组合关系	横楣石，与左、右门柱为三石组合。
画面简述	画面是由正方形、菱形、半菱形和〜形等组合构成的几何图案。左边一朱鹭展翅，单腿站立，仰首衔鱼，一爪抓鱼。右边的朱鹭收翅，单腿站立，低首衔鱼，一爪抓鱼。中间方格的两边，〜纹之上各站一鸟，右立之鸟回首与左立之鸟呼应。
著录与文献	李林、康兰英、赵力光：《陕北汉代画像石》，西安：陕西人民出版社，1995 年，图335；汤池：《中国画像石全集 5：陕西、山西汉画像石》，济南：山东美术出版社，2000 年，图 113；绥德汉画像石展览馆编，李贵龙、王建勤主编：《绥德汉代画像石》，西安：陕西人民美术出版社，2001 年，80 页，图 35；曹世玉总编：《绥德文库——汉画像石卷》，北京：中国文史出版社，2004 年，252 页，图 208。
出土/征集时间	1976 年征集
收藏地	绥德县博物馆

SSX-SD-093-01（局部）

编号	SSX-SD-093-02
时代	东汉
原收藏号	2182-54
出土地	辛店乡刘家湾
原石尺寸	124×34×7
画面尺寸	118×30
质地	砂岩
原石情况	正面、背面、右侧面平整；上侧面平整，凿直纹；下侧面呈毛石状；左侧面平整，凿斜纹。
所属墓群	不详
组合关系	左门柱，与横楣石、右门柱为三石组合。
画面简述	画面是由菱形、⌒形纹、"十"字形符号组合成的几何图案，底部一鸟伸颈垂尾，作鸣叫状。
著录与文献	李林、康兰英、赵力光：《陕北汉代画像石》，西安：陕西人民出版社，1995 年，图336；绥德汉画像石展览馆编，李贵龙、王建勤主编：《绥德汉代画像石》，西安：陕西人民美术出版社，2001 年，80 页，图 35；曹世玉总编：《绥德文库——汉画像石卷》，北京：中国文史出版社，2004 年，252 页，图 209。
出土/征集时间	1976 年征集
收藏地	绥德县博物馆

编号	SSX-SD-093-03
时代	东汉
原收藏号	2183-55
出土地	辛店乡刘家湾
原石尺寸	125×33×8
画面尺寸	117×29
质地	砂岩
原石情况	正面、背面、上侧面、左侧面平整；下侧面呈毛石状；右侧面靠正面1.5厘米凿细直纹，靠背面处凿粗直纹。
所属墓群	不详
组合关系	右门柱，与横楣石、左门柱为三石组合。
画面简述	画面是由菱形、⌒形纹、"十"字形符号组合成的几何图案，底部一鸟伸颈垂尾，作鸣叫状。
著录与文献	李林、康兰英、赵力光：《陕北汉代画像石》，西安：陕西人民出版社，1995年，图337；绥德汉画像石展览馆编，李贵龙、王建勤主编：《绥德汉代画像石》，西安：陕西人民美术出版社，2001年，80页，图35；曹世玉总编：《绥德文库——汉画像石卷》，北京：中国文史出版社，2004年，252页，图210。
出土/征集时间	1976年征集
收藏地	绥德县博物馆

编　号	SSX-SD-094
时　代	东汉
原收藏号	2488-360
出土地	辛店乡刘家湾
原石尺寸	178×38×5
画面尺寸	141×40
质　地	砂岩
原石情况	正面、背面平整；上侧面、左侧面、右侧面均呈毛石状；下侧面平整。着人字纹。
所属墓群	不详
组合关系	不详
画面简述	画面分为内、外两栏。外栏为绶带穿璧纹。内栏左边圆形内阴线刻金乌，当为太阳。中间似为一亭式楼阁（？），左有羽人面翼虎献端草。右有雄、牝鹿奔走。右两端分别阴刻一圆形，左边的圆形内阴线刻蟾蜍，是为月亮；右是为月亮；右
著录与文献	李林、康兰英、赵力光：《陕北汉代画像石》，西安：陕西人民出版社，1995年，图469；绥德汉画像石展览馆编：《绥德汉代画像石》，西安：陕西人民美术出版社，2001年，146页，图78；曹世玉总编：《绥德文库——汉画像石卷》，北京：中国文史出版社，2004年，434页，图396。王建勤主编：《绥德汉画像石卷》，西安：陕西人民美术出版社，
出土/征集时间	1997年征集
收藏地	绥德县博物馆

编号	SSX-SD-095-01
时代	东汉
原收藏号	2166-38
出土地	辛店乡裴家峁
原石尺寸	124×34×5
画面尺寸	63×25
质地	砂岩
原石情况	正面、背面平整；上侧面平整，凿直纹；下侧面、左侧面靠正面2.5厘米平整凿斜纹，靠背面处为毛石面，右侧面平整，凿人字纹。
所属墓群	不详
组合关系	左门柱，与右门柱，左、右门扉为墓门面四石组合。
画面简述	画面分为内、外两栏。外栏为卷云纹。内栏上为鸡首人身神，展翅端坐于神树上。下一门吏戴平巾帻，着长襦大袴，拥彗面门而立。
著录与文献	李林、康兰英、赵力光：《陕北汉代画像石》，西安：陕西人民出版社，1995年，图429；绥德汉画像石展览馆编，李贵龙、王建勤主编：《绥德汉代画像石》，西安：陕西人民美术出版社，2001年，150页，图81；曹世玉总编：《绥德文库——汉画像石卷》，北京：中国文史出版社，2004年，202页，图157。
出土/征集时间	1980年征集
收藏地	绥德县博物馆

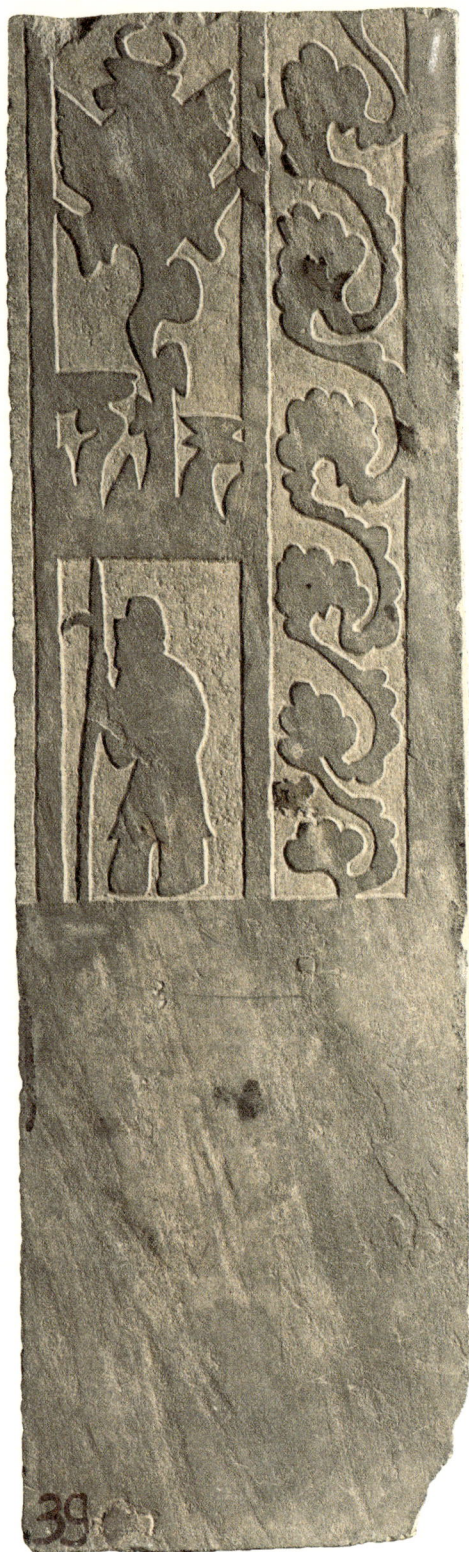

编号	SSX-SD-095-02
时代	东汉
原收藏号	2167-39
出土地	辛店乡裴家峁
原石尺寸	109×34×7
画面尺寸	63×26
质地	砂岩
原石情况	正面、背面、上侧面平整，下侧面呈毛石状，左侧面刻人字纹，右侧面靠正面处平整，凿斜纹，靠背面处呈毛石状。
所属墓群	不详
组合关系	右门柱，与左门柱，左、右门扉为墓门面四石组合。
画面简述	画面分为内、外两栏。外栏为卷云纹。内栏上为牛首鸟翅人身神，展翅端坐于神树上。下一头戴平巾帻，着长襦大袴，持棨戟门吏面门而立。
著录与文献	李林、康兰英、赵力光：《陕北汉代画像石》，西安：陕西人民出版社，1995年，图432；绥德汉画像石展览馆编，李贵龙、王建勤主编：《绥德汉代画像石》，西安：陕西人民美术出版社，2001年，150页，图81；曹世玉总编：《绥德文库——汉画像石卷》，北京：中国文史出版社，2004年，202页，图158。
出土/征集时间	1980年征集
收藏地	绥德县博物馆

编号	SSX-SD-095-03
时代	东汉
原收藏号	2168-40
出土地	辛店乡裴家峁
原石尺寸	124×48×3
画面尺寸	79×30
质地	砂岩
原石情况	原石断为两截。正面、背面平整；上侧面平整，凿人字纹；下侧面呈毛石状；左、右侧面均平整。
所属墓群	不详
组合关系	左门扉，与左、右门柱，右门扉为墓门面四石组合。
画面简述	朱雀、铺首、翼虎。朱雀、铺首、虎的眼睛均以阴线刻画。
著录与文献	李林、康兰英、赵力光：《陕北汉代画像石》，西安：陕西人民出版社，1995 年，图430；绥德汉画像石展览馆编，李贵龙、王建勤主编：《绥德汉代画像石》，西安：陕西人民美术出版社，2001 年，100 页，图 44；曹世玉总编：《绥德文库——汉画像石卷》，北京：中国文史出版社，2004 年，248 页，图 203。
出土/征集时间	1980 年征集
收藏地	绥德县博物馆

编号	SSX-SD-095-04
时代	东汉
原收藏号	2169-41
出土地	辛店乡裴家峁
原石尺寸	109×48×4
画面尺寸	79×29
质地	砂岩
原石情况	正面、背面平整；上侧面平整，凿斜纹；下侧面呈毛石状；左侧面平整，凿人字纹；右侧面靠正面处刻斜纹，靠背面处呈毛石状。
所属墓群	不详
组合关系	右门扉，与左、右门柱，左门扉为墓门面四石组合。
画面简述	朱雀、铺首、青龙。朱雀、铺首、龙的眼睛均以阴线刻画。
著录与文献	李林、康兰英、赵力光：《陕北汉代画像石》，西安：陕西人民出版社，1995年，图431；绥德汉画像石展览馆编，李贵龙、王建勤主编：《绥德汉代画像石》，西安：陕西人民美术出版社，2001年，100页，图44；曹世玉总编：《绥德文库——汉画像石卷》，北京：中国文史出版社，2004年，248页，图204。
出土/征集时间	1980年征集
收藏地	绥德县博物馆

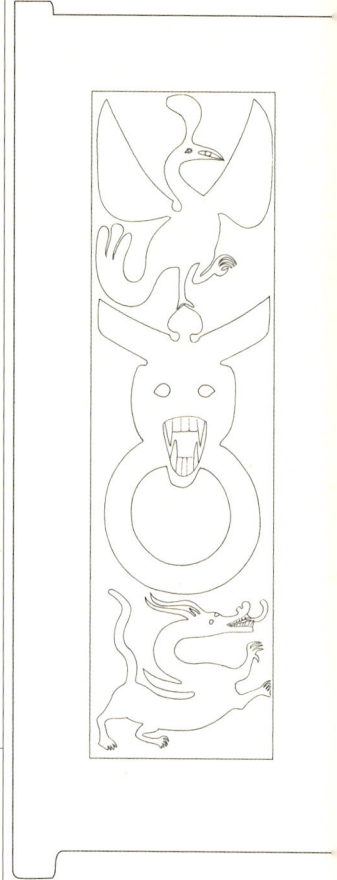

辛店乡裴家峁墓墓门面五石组合
SSX-SD-096-01—SSX-SD-096-05

编号	SSX-SD-096-01
时代	东汉
原收藏号	2143-15
出土地	辛店乡裴家峁
原石尺寸	170×41×5
画面尺寸	163×37
质地	砂岩
原石情况	正面、背面，上、下、左、右侧面均平整。
所属墓群	不详
组合关系	门楣石，与左、右门柱，左、右门扉为墓门面五石组合。
画面简述	画面正中为一羚羊，羚羊前后为羽人骑鹿，左鹿奔走，腹下有鱼，右鹿伫立。左鹿之前、右鹿之后为天马奔腾嘶鸣。画面左、右两端各阳刻一圆形，象征日、月。日、月下方各有一只鹳鸟衔鱼。左鹳鸟展双翅昂首伫立，口叼一鱼。右鹳鸟单腿直立，爪攫一鱼，昂首口叼一鱼。画面上所有的图像全包容在卷云之中，上面空白处填补飞鸟。图中鸟兽的眼均以阴线刻画。
著录与文献	李林、康兰英、赵力光：《陕北汉代画像石》，西安：陕西人民出版社，1995年，图412；绥德汉画像石展览馆编，李贵龙、王建勤主编：《绥德汉代画像石》，西安：陕西人民美术出版社，2001年，28页，图9；曹世玉总编：《绥德文库——汉画像石卷》，北京：中国文史出版社，2004年，64页，图24。
出土/征集时间	1987年征集
收藏地	绥德县博物馆

SSX-SD-096-01（局部）

编号	SSX-SD-096-02
时代	东汉
原收藏号	2144-16
出土地	辛店乡裴家峁
原石尺寸	123×31×5
画面尺寸	97×19
质地	砂岩
原石情况	正面、背面，上、下、右侧面均平整；左侧面平整，凿斜纹。
所属墓群	不详
组合关系	左门柱，与门楣石，右门柱，左、右门扉为墓门面五石组合。
画面简述	女娲。画面顶向下突出三个乳状物。一人首人身蛇尾神，头梳垂髻，应为女娲。
著录与文献	李林、康兰英、赵力光：《陕北汉代画像石》，西安：陕西人民出版社，1995年，图413；绥德汉画像石展览馆编，李贵龙、王建勤主编：《绥德汉代画像石》，西安：陕西人民美术出版社，2001年，28页，图9；曹世玉总编：《绥德文库——汉画像石卷》，北京：中国文史出版社，2004年，64页，图25。
出土/征集时间	1987年征集
收藏地	绥德县博物馆

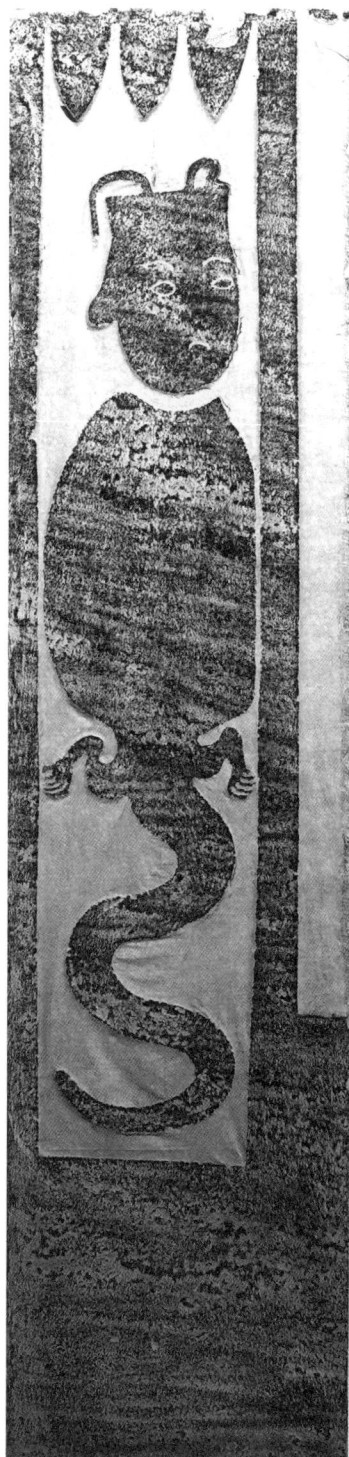

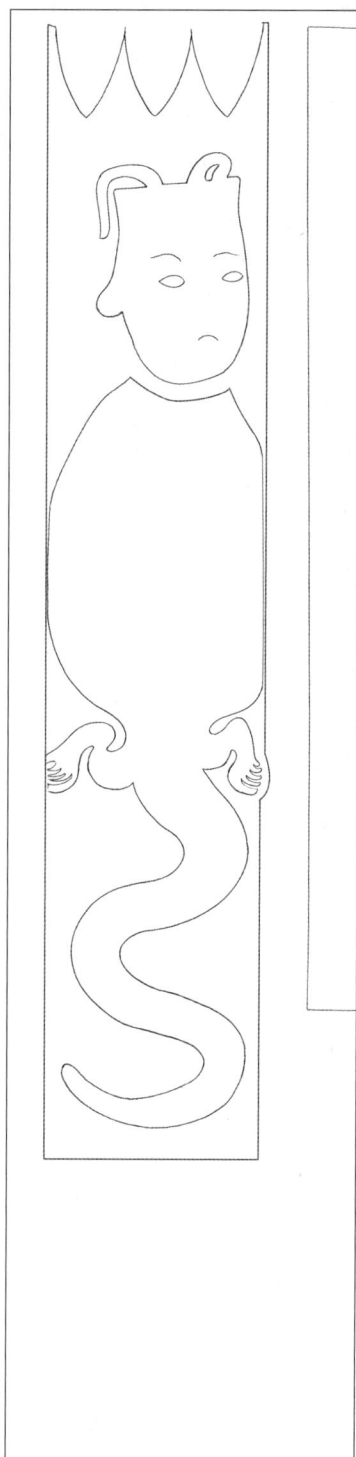

编号	SSX-SD-096-03
时代	东汉
原收藏号	2145-17
出土地	辛店乡裴家峁
原石尺寸	123×34×5
画面尺寸	98×19
质地	砂岩
原石情况	正面、背面,上侧面、左侧面均平整,下侧面、右侧面呈毛石状。
所属墓群	不详
组合关系	右门柱,与门楣石,左门柱,左、右门扉为墓门面五石组合。
画面简述	伏羲图。画面顶向下突出五个乳状物。一人首人身蛇尾神,头带帻巾,应为伏羲。左、右门柱女娲、伏羲的五官均以阴线刻画。
著录与文献	李林、康兰英、赵力光:《陕北汉代画像石》,西安:陕西人民出版社,1995年,图414;绥德汉画像石展览馆编、李贵龙、王建勤主编:《绥德汉代画像石》,西安:陕西人民美术出版社,2001年,28页,图9;曹世玉总编:《绥德文库——汉画像石卷》,北京:中国文史出版社,2004年,65页,图28。
出土/征集时间	1987年征集
收藏地	绥德县博物馆

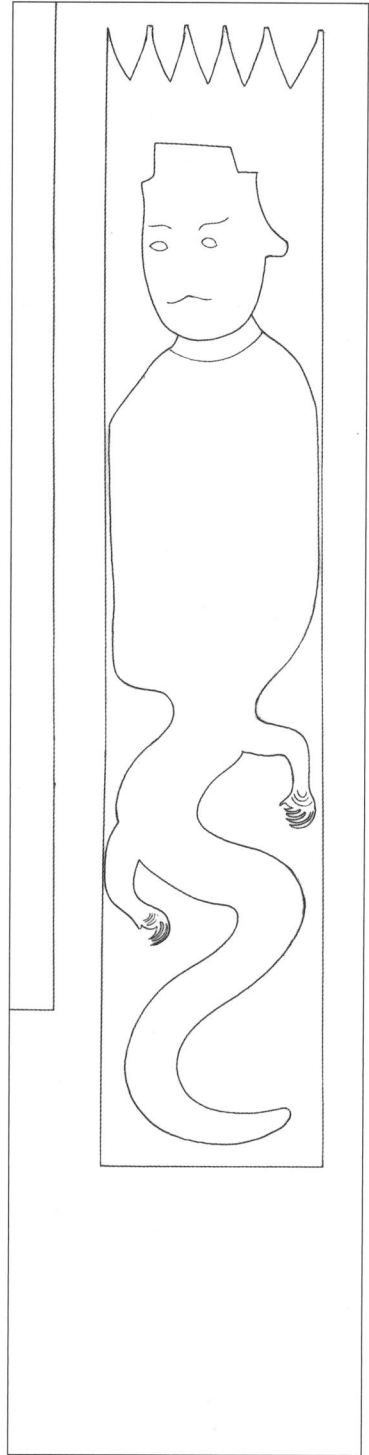

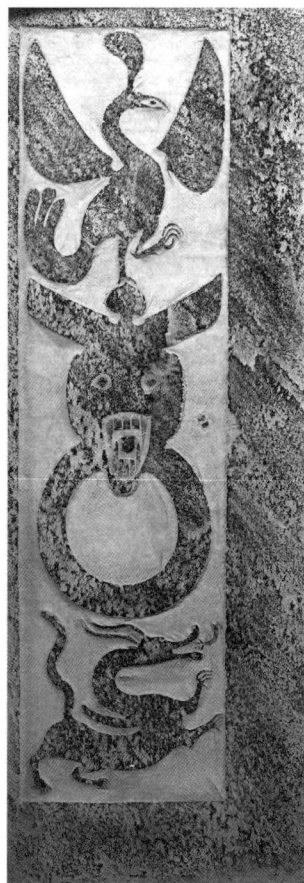

编号	SSX-SD-096-04
时代	东汉
原收藏号	2146-18
出土地	辛店乡裴家峁
原石尺寸	119×48×5
画面尺寸	91×26
质地	砂岩
原石情况	正面、背面平整;上、下、左侧面呈毛石状;右侧面平整,从前向内后侧倾斜呈马蹄面。
所属墓群	不详
组合关系	左门扉,与门楣石,左、右门柱,右门扉为墓门面五石组合。
画面简述	朱雀、铺首、翼龙。朱雀口内含丹,朱雀眼,铺首眼、口腔牙齿,龙眼均以阴线刻画。
著录与文献	李林、康兰英、赵力光:《陕北汉代画像石》,西安:陕西人民出版社,1995 年,图 415;曹世玉总编:《绥德文库——汉画像石卷》,北京:中国文史出版社,2004 年,64 页,图 26。
出土/征集时间	1987 年征集
收藏地	绥德县博物馆

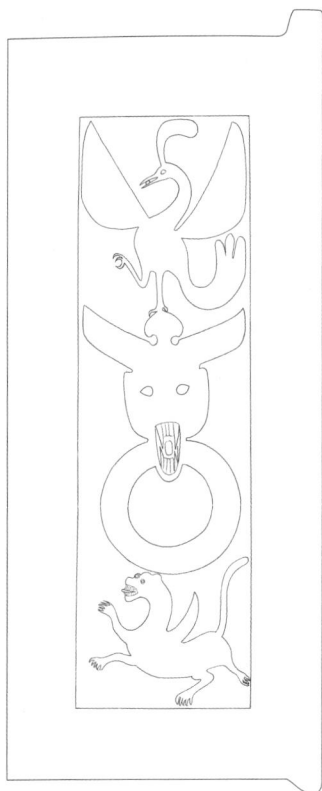

编号	SSX-SD-096-05
时代	东汉
原收藏号	2147-19
出土地	辛店乡裴家峁
原石尺寸	118×50×5
画面尺寸	89×26
质地	砂岩
原石情况	正面、背面平整;上、下、右侧面呈毛石状;左侧面平整,从前向内后侧倾斜呈马蹄面。
所属墓群	不详
组合关系	右门扉,与门楣石、左、右门柱、左门扉为墓门面五石组合。
画面简述	朱雀、铺首、翼虎图。朱雀口内含丹,朱雀眼、铺首眼、口腔牙齿,虎眼均阴线刻画。
著录与文献	李林、康兰英、赵力光:《陕北汉代画像石》,西安:陕西人民出版社,1995 年,图 416;曹世玉总编:《绥德文库——汉画像石卷》,北京:中国文史出版社,2004 年,65 页,图 27。
出土/征集时间	1987 年征集
收藏地	绥德县博物馆

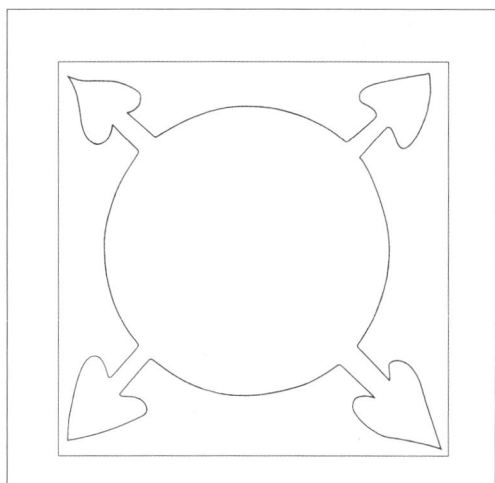

编号	SSX-SD-097
时代	东汉
原收藏号	2352-224
出土地	辛店乡呜咽泉
原石尺寸	27×27×9
画面尺寸	20×20
质地	砂岩
原石情况	正面、背面平整，上、下、左、右侧面欠平整。
所属墓群	不详
组合关系	不详
画面简述	正中阳刻一圆，圆外朝边框内角伸出四支桃形箭头。
著录与文献	李林、康兰英、赵力光：《陕北汉代画像石》，西安：陕西人民出版社，1995 年，图614；绥德汉画像石展览馆编、李贵龙、王建勤主编：《绥德汉代画像石》，西安：陕西人民美术出版社，2001 年，196 页，图127；曹世玉总编：《绥德文库——汉画像石卷》，北京：中国文史出版社，2004 年，506 页，图476。
出土/征集时间	1988 年出土
收藏地	绥德县博物馆

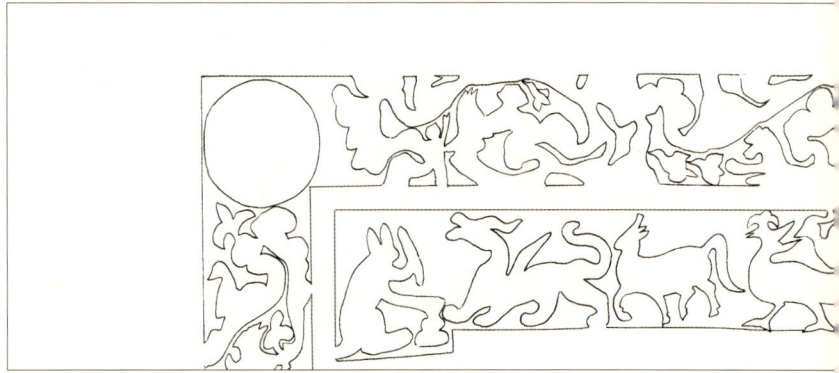
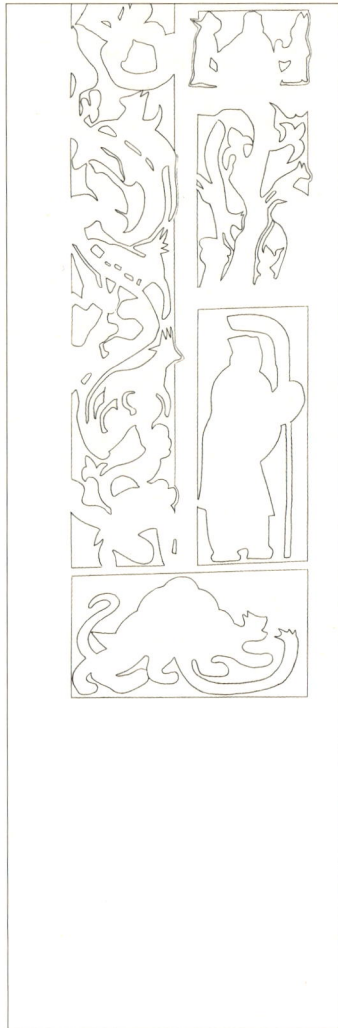

辛店乡呜咽泉汉墓墓门面五石组合
SSX-SD-098-01—SSX-SD-098-05

编号	SSX-SD-098-01
时代	东汉
原收藏号	2189-61
出土地	辛店乡呜咽泉
原石尺寸	201×40×7
画面尺寸	147×31
质地	砂岩
原石情况	正面、背面平整；下侧面平整，凿人字纹；上、左、右侧面呈毛石状。
所属墓群	不详
组合关系	门楣石、与左、右门柱、右门扉为墓门面五石组合。
画面简述	画面分为内、外栏。外栏为卷云鸟兽纹，左右两端各阴刻一圆形，象征日、月。内栏为灵禽瑞兽图。左右两边为对称的玉兔捣药。中间有狐、金乌、麒麟、翼龙、凤鸟、朱雀、翼虎、独角衔丹神兽。卷云间穿插羽人、飞鸟、人面鸟、鹿、羽人拽怪兽尾、怪兽衔虎尾、玉兔捣药。左右两边为对称的玉兔捣药为陕北画像石中常用的格套之一。
著录与文献	李林、康兰英、赵力光：《陕北汉代画像石》，西安：陕西人民出版社，1995年，图404；绥德汉画像石展览馆编，李贵龙、王建勤主编：《绥德汉代画像石》，西安：陕西人民美术出版社，2001年，130页，图70；曹世玉总编：《绥德文库·汉画像石卷》，北京：中国文史出版社，2004年，358页，图333。
出土/征集时间	1988年征集
收藏地	绥德县博物馆

编号	SSX-SD-098-02
时代	东汉
原收藏号	2354-226
出土地	辛店乡呜咽泉
原石尺寸	118×43×7
画面尺寸	81×28
质地	砂岩
原石情况	正面平整，上有一处铁矿锈；背面平整；上侧面靠正面 3 厘米处平整，凿斜纹，靠背面处呈毛石状；下、左侧面呈毛石状；右侧面平整，凿人字纹。
所属墓群	不详
组合关系	左门柱，与门楣石，右门柱，左、右门扉为墓门面五石组合。
画面简述	画面分为上、下两格。上格分为内、外两栏。外栏为卷云鸟兽纹，与门楣石外栏的卷云鸟兽纹衔接。卷云中穿插熊、麒麟、羽人按虎头、仙鹿等。内栏上格为西王母（东王公？）端坐神树之上，左右有羽人、玉兔跪伺侍。树干间有鹿、狐、飞鸟、瑞草。下为一门吏，头戴平巾帻，身着长襦大袴，拥彗面门而立。下格为玄武。
著录与文献	李林、康兰英、赵力光：《陕北汉代画像石》，西安：陕西人民出版社，1995 年，图 405；曹世玉总编：《绥德文库——汉画像石卷》，北京：中国文史出版社，2004 年，312 页，图 278。
出土/征集时间	1988 年征集
收藏地	绥德县博物馆

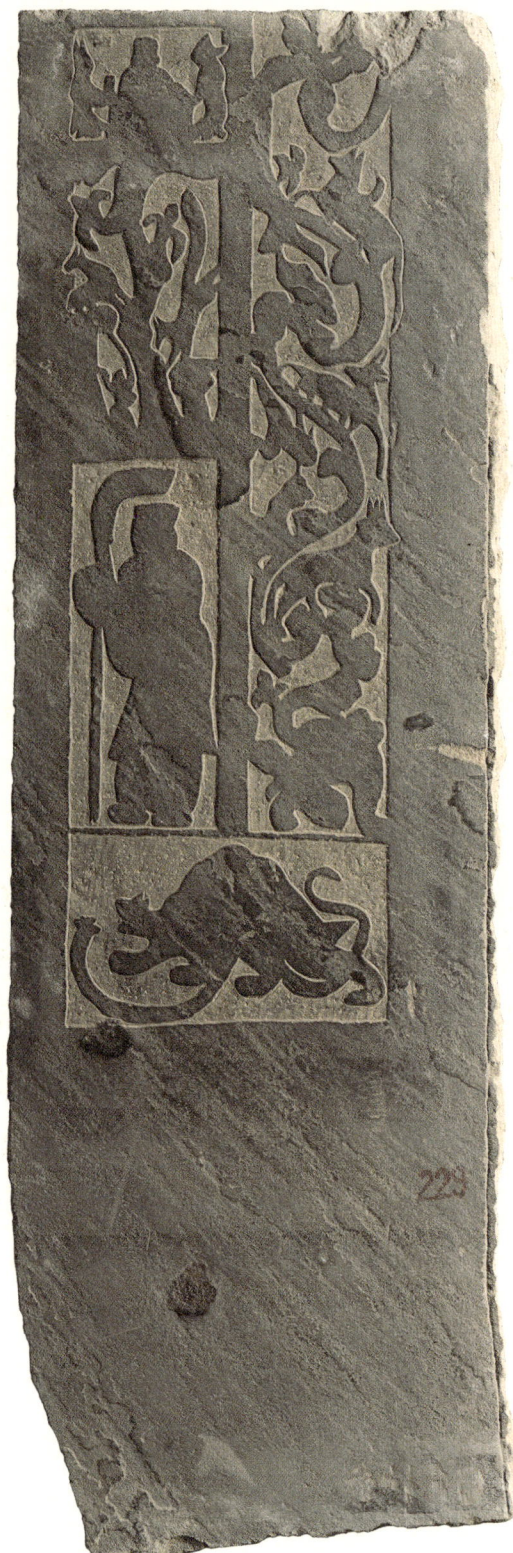

编号	SSX-SD-098-03
时代	东汉
原收藏号	2357-229
出土地	辛店乡鸣咽泉
原石尺寸	124×42×6
画面尺寸	83×27
质地	砂岩
原石情况	正面平整，上有两处铁矿锈斑；背面平整，凿斜纹；下侧面、右侧面呈毛石状；左侧面平整，凿人字纹。
所属墓群	不详
组合关系	右门柱，与门楣石，左门柱，左、右门扉为墓门面五石组合。
画面简述	画面分为上、下两格。上格分为内、外两栏。外栏为卷云鸟兽纹，与门楣石外栏的卷云鸟兽纹衔接。卷云中穿插熊、麒麟、羽人按虎头、仙鹿等。内栏上格为西王母（东王公？）端坐神树之上，左右有羽人、玉兔跪侍。树干间有鹿、狐、飞鸟、瑞草。下为一门吏，头戴平巾帻，身着长襦大袴，拥彗面门而立。下格为玄武。
著录与文献	李林、康兰英、赵力光：《陕北汉代画像石》，西安：陕西人民出版社，1995年，图406；曹世玉总编：《绥德文库——汉画像石卷》，北京：中国文史出版社，2004年，312页，图279。
出土/征集时间	1988年征集
收藏地	绥德县博物馆
备注	左、右门柱使用同一模板制作。

编　　号	SSX-SD-098-04
时　　代	东汉
原收藏号	2191-63
出土地	辛店乡呜咽泉
原石尺寸	120×48×6
画面尺寸	96×32
质　　地	砂岩
原石情况	正面、背面、右侧面平整，上、下、左侧面呈毛石状。
所属墓群	不详
组合关系	左门扉，与门楣石，左、右门柱，右门扉为墓门面五石组合。
画面简述	朱雀、铺首、独角兽。铺首的眼睛阴线刻画，口腔阴刻。
著录与文献	李林、康兰英、赵力光：《陕北汉代画像石》，西安：陕西人民出版社，1995 年，图 407；绥德汉画像石展览馆编、李贵龙、王建勤主编：《绥德汉代画像石》，西安：陕西人民美术出版社，2001 年，100 页，图 45；曹世玉总编：《绥德文库——汉画像石卷》，北京：中国文史出版社，2004 年，348 页，图 320。
出土/征集时间	1988 年征集
收藏地	绥德县博物馆

编号	SSX-SD-098-05
时代	东汉
原收藏号	2190-62
出土地	辛店乡呜咽泉
原石尺寸	118×50×5
画面尺寸	96×33
质地	砂岩
原石情况	正面、背面、左侧面平整；上、下、右侧面呈毛石状。
所属墓群	不详
组合关系	右门扉，与门楣石，左、右门柱，左门扉为墓门面五石组合。
画面简述	朱雀、铺首、独角兽。铺首的眼睛阴线刻画，口腔阴刻。
著录与文献	李林、康兰英、赵力光：《陕北汉代画像石》，西安：陕西人民出版社，1995年，图408；绥德汉画像石展览馆编，李贵龙、王建勤主编：《绥德汉代画像石》，西安：陕西人民美术出版社，2001年，100页，图45；曹世玉总编：《绥德文库——汉画像石卷》，北京：中国文史出版社，2004年，348页，图321。
出土/征集时间	1988年征集
收藏地	绥德县博物馆

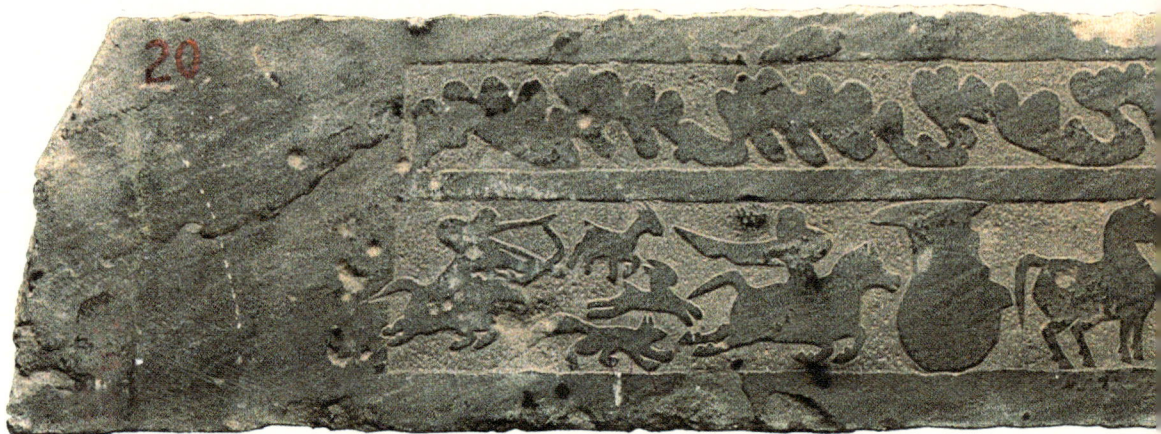

编号	SSX-SD-099-01
时代	东汉
原收藏号	2148-20
出土地	辛店乡呜咽泉
原石尺寸	300×34×6
画面尺寸	235×26
质地	砂岩
原石情况	正面、背面平整，上、左、右侧面均呈毛石状，下侧面平整。
所属墓群	不详
组合关系	横楣石，与左、右门柱为三石组合。
画面简述	画面横向分为左、中、右三格。中格上为两人坐于帷幔下垂的厅堂之内，左为男性，戴冠着袍，伸手作讲述状。右似女性，着袍袖手对坐。两人之间置放一几，几面上放一圆形器。下为有斗栱的两柱之间，一羊抬腿行进，一犬蹲立。左、右两格分为上、下两栏。上栏均为卷云纹。下栏为使用同一模板制作的车骑狩猎图。图中一辆轺车和一辆辎车行进，一骑史随行。两猎手张弓追射惊慌奔走的狐、鹿、兔。
著录与文献	李林、康兰英、赵力光：《陕北汉代画像石》，西安：陕西人民出版社，1995年，图409；绥德汉画像石展览馆编、李贵龙、王建勤主编：《绥德汉代画像石》，西安：陕西人民美术出版社，2001年，110页，图60；曹世玉总编：《绥德文库——汉画像石卷》，北京：中国文史出版社，2004年，354页，图329。
出土/征集时间	1988年征集
收藏地	绥德县博物馆

SSX-SD-099-01（局部）

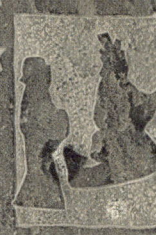

编号	SSX-SD-099-02
时代	东汉
原收藏号	2149-21
出土地	辛店乡鸣咽泉
原石尺寸	137×41
画面尺寸	87×22
质地	砂岩
原石情况	正面、上侧面平整；下侧面、左侧面呈毛石状；右侧平整，凿斜纹。
所属墓群	不详
组合关系	左门柱，与右门柱、横楣石为三石组合。
画面简述	画面分为内、外两栏。外栏篆体阳刻"览樊（？）妃观烈女崇礼让遵大雅（？）贵□□富支子"。　内栏自上而下分四格。第一格：羽人呈弓箭步，伸手作敬献状。第二、三格：一舞伎头梳垂髻髻，身着袿衣，挥袖而舞。第四格：一人戴王冠着袍面右伸手跽坐，身后一人戴冠着袍，袖手站立。
著录与文献	李林、康兰英、赵力光：《陕北汉代画像石》，西安：陕西人民出版社，1995 年，图410；汤池：《中国画像石全集 5：陕西、山西汉画像石》，济南：山东美术出版社，2000 年，图 188；绥德汉画像石展览馆编，李贵龙、王建勤主编：《绥德汉代画像石》，西安：陕西人民美术出版社，2001 年，154 页，图 85；曹世玉总编：《绥德文库——汉画像石卷》，北京：中国文史出版社，2004 年，139 页，图 81。
出土/征集时间	1988 年征集
收藏地	绥德县博物馆

编号	SSX-SD-099-03
时代	东汉
原收藏号	2150-22
出土地	辛店乡呜咽泉
原石尺寸	125×42
画面尺寸	83×23
质地	砂岩
原石情况	正面、上侧面、左侧面平整，下、右侧面呈毛石状。
所属墓群	不详
组合关系	右门柱，与左门柱、横楣石为三石组合。
画面简述	画面分为内、外两栏。外栏篆体阳刻"惟居上宽和贵齐殷勤同恩爱述神道熹苗裔"。内栏自上而下分四格。第一格：羽人呈弓箭步，伸手作敬献状。第二格：两人站立，居左者头梳垂髻髻，身着拖地长裙，拥袖站立。居右者头梳垂髻髻，身着拖地长裙，捧物站立。第三格：头梳垂髻髻，身着拖地长裙，捧物站立。身后一小孩梳双丫髻，着袍站立。第四格：一舞伎头梳垂髻髻，身着袿衣，挥袖而舞。
著录与文献	李林、康兰英、赵力光：《陕北汉代画像石》，西安：陕西人民出版社，1995年，图411；汤池：《中国画像石全集5：陕西、山西汉画像石》，济南：山东美术出版社，2000年，图189；绥德汉画像石展览馆编，李贵龙、王建勤主编：《绥德汉代画像石》，西安：陕西人民美术出版社，2001年，154页，图85；曹世玉总编：《绥德文库——汉画像石卷》，北京：中国文史出版社，2004年，139页，图82。
出土/征集时间	1988年征集
收藏地	绥德县博物馆
备注	两柱同类人物使用同一模板制作。

编号	SSX-SD-100-01
时代	东汉
原收藏号	2378-250
出土地	辛店乡延家岔
原石尺寸	40×36×7
画面尺寸	33×40
质地	砂岩
原石情况	正面、背面平整；上侧面呈毛石状；下侧面平整，有平口刀铲痕；左侧面为断面；右侧面呈毛石状。
所属墓群	延家岔 M1
组合关系	门楣石，与左、右门柱，左、右门扉为墓门面五石组合。
画面简述	画面分内、外两栏，外栏为卷云纹，内栏仅可见翼龙尾及云纹。（大部分残佚）
著录与文献	未发表
出土/征集时间	1975 年征集
收藏地	绥德县博物馆

编号	SSX-SD-100-02
时代	东汉
原收藏号	2193-65
出土地	辛店乡延家岔
原石尺寸	126×46×7
画面尺寸	110×31
质地	砂岩
原石情况	正面、背面、上侧面平整；下、左侧面呈毛石状；右侧面平整，凿人字纹。
所属墓群	延家岔 M1
组合关系	左门柱，与门楣石，右门柱，左、右门扉为墓门面五石组合。
画面简述	画面分内、外两栏。外栏直条几何纹与卷云纹交织。内栏分上、下两格。上格为缭绕飞动的卷云中龙腾虎跃。下格一门吏戴帻巾着袍，拥彗面门而立。
著录与文献	戴应新、李仲煊：《陕西绥德县延家岔东汉画像石墓》，《考古》1983 年 3 期 234 页，图二，1；李林、康兰英、赵力光：《陕北汉代画像石》，西安：陕西人民出版社，1995 年，图 242；汤池：《中国画像石全集 5：陕西、山西汉画像石》，济南：山东美术出版社，2000 年，图 95；绥德汉画像石展览馆编，李贵龙、王建勤主编：《绥德汉代画像石》，西安：陕西人民美术出版社，2001 年，183 页，图 114；曹世玉总编：《绥德文库——汉画像石卷》，北京：中国文史出版社，2004 年，180 页，图 128。
出土/征集时间	1975 年出土
收藏地	绥德县博物馆

66

编号	SSX-SD-100-03
时代	东汉
原收藏号	2194-66
出土地	辛店乡延家岔
原石尺寸	132×44×7
画面尺寸	109×30
质地	砂岩
原石情况	正面、上侧面、下侧面平整；左侧面平整，凿人字纹；右侧面呈毛石状。
所属墓群	延家岔 M1
组合关系	右门柱，与门楣石，左门柱，左、右门扉为墓门面五石组合。
画面简述	画面分内、外两栏，外栏直条几何纹与卷云纹交织。内栏分上、下两格。上格为在缭绕飞动的卷云中龙腾虎跃。下格一门吏戴冠着袍，躬身捧盾面门而立。
著录与文献	戴应新、李仲煊：《陕西绥德县延家岔东汉画像石墓》，《考古》1983 年 3 期 234 页，图二，1；李林、康兰英、赵力光：《陕北汉代画像石》，西安：陕西人民出版社，1995 年，图 245；汤池：《中国画像石全集 5：陕西、山西汉画像石》，济南：山东美术出版社，2000 年，图 96；绥德汉画像石展览馆编，李贵龙、王建勤主编：《绥德汉代画像石》，西安：陕西人民美术出版社，2001 年，183 页，图 114；曹世玉总编：《绥德文库——汉画像石卷》，北京：中国文史出版社，2004 年，181 页，131 图。
出土/征集时间	1975 年出土
收藏地	绥德县博物馆
备注	左门柱上格虎在上，龙在下，右门柱上格龙在上，虎在下。出自同一模板。

编号	SSX-SD-100-04
时代	东汉
原收藏号	2195-67
出土地	辛店乡延家岔
原石尺寸	103×50
画面尺寸	96×39
质地	砂岩
原石情况	正面、背面，上、下侧面平整；右侧面平整，凿斜纹。
所属墓群	延家岔 M1
组合关系	左门扉，与门楣石，左、右门柱，右门扉为墓门面五石组合。
画面简述	朱雀，铺首。铺首的双眼、口腔均阴刻。铺首的脸庞外毛发蓬张，形象凶恶，与抖冠振翅、尾羽上翘、顶冠飘拂的娇美朱雀形成鲜明对比。
著录与文献	戴应新、李仲煊：《陕西绥德县延家岔东汉画像石墓》，《考古》1983 年 3 期 234 页，图二，1；李林、康兰英、赵力光：《陕北汉代画像石》，西安：陕西人民出版社，1995 年，图 243；汤池：《中国画像石全集 5：陕西、山西汉画像石》，济南：山东美术出版社，2000 年，图 93；绥德汉画像石展览馆编，李贵龙、王建勤主编：《绥德汉代画像石》，西安：陕西人民美术出版社，2001 年，101 页，图 46；曹世玉总编：《绥德文库——汉画像石卷》，北京：中国文史出版社，2004 年，180 页，图 129。
出土/征集时间	1975 年出土
收藏地	绥德县博物馆

编号	SSX-SD-100-05
时代	东汉
原收藏号	2196-68
出土地	辛店乡延家岔
原石尺寸	113×50
画面尺寸	97×39
质地	砂岩
原石情况	正面、背面、上侧面、下侧面平整；左侧面平整，凿人字纹或斜纹；右侧面平整。
所属墓群	延家岔 M1
组合关系	右门扉，与门楣石，左、右门柱，左门扉为墓门面五石组合。
画面简述	朱雀，铺首。铺首的双眼，口腔均阴刻。铺首的脸庞外毛发蓬张，形象凶恶，与抖冠振翅、尾羽上翘、顶冠飘拂的娇美朱雀形成鲜明对比。出土时铺首口涂红彩，朱雀的身上有红绿彩斑点。
著录与文献	戴应新、李仲煊：《陕西绥德县延家岔东汉画像石墓》，《考古》1983 年 3 期 234 页，图二，1；李林、康兰英、赵力光：《陕北汉代画像石》，西安：陕西人民出版社，1995 年，图 244；汤池：《中国画像石全集 5：陕西、山西汉画像石》，济南：山东美术出版社，2000 年，图 94；绥德汉画像石展览馆编，李贵龙、王建勤主编：《绥德汉代画像石》，西安：陕西人民美术出版社，2001 年，101 页，图 46；曹世玉总编：《绥德文库——汉画像石卷》，北京：中国文史出版社，2004 年，180 页，图 130。
出土/征集时间	1975 年出土
收藏地	绥德县博物馆

辛店乡延家岔 M1 墓室北壁七石组合
SSX-SD-100-06—SSX-SD-100-12

编号	SSX-SD-100-06
时代	东汉
原收藏号	2203-75
出土地	辛店乡延家岔
原石尺寸	283×36
画面尺寸	278×33
质地	砂岩
原石情况	正面平整,有铁矿团块;上侧面平整;下侧面平整,凿斜纹;左、右侧面平整,凿斜纹。
所属墓群	延家岔M1
组合关系	横楣石,与左、右外边柱,左、右门柱,左、右内边柱为墓室北壁七石组合。
画面简述	画面分为内、外两栏。内、外栏均为卷云鸟兽纹。内栏卷云间穿插长尾怪兽、立鸟、飞雁、兔、朱雀、飞鸟、野猪、鹿、狐、金吾、虎、卧鹿、手舞足蹈的神怪等。外栏卷云间穿插金乌、乌鸦、鹿、有翼怪兽、虎、飞鸟、狐等。
著录与文献	戴应新、李仲煊:《陕西绥德县延家岔东汉画像石墓》,《考古》1983年3期234页,图二,4;李林、康兰英、赵力光:《陕北汉代画像石》,西安:陕西人民出版社,1995年,图253;汤池:《中国画像石全集5:陕西、山西汉画像石》,济南:山东美术出版社,2000年,图100;绥德汉画像石展览馆编,李贵龙、王建勤主编:《绥德汉代画像石》,西安:陕西人民美术出版社,2001年,50页,图22;曹世玉总编:《绥德文库——汉画像石卷》,北京:中国文史出版社,2004年,182页,图132。
出土/征集时间	1975年出土
收藏地	绥德县博物馆

74

编号	SSX-SD-100-07
时代	东汉
原收藏号	2225-97
出土地	辛店乡延家岔
原石尺寸	129×24
画面尺寸	98×19
质地	砂岩
原石情况	正面、背面平整；下侧面平整；上面呈毛石状；左侧面平整；右侧面距正面3厘米开始减地，深3厘米。
所属墓群	延家岔 M1
组合关系	左外边柱，与横楣石，右外边柱，左、右门柱，左、右内边柱为墓室北壁七石组合。
画面简述	卷云鸟兽纹。卷云间穿插不明兽（上部残失）、朱雀飞翔、鹿形兽、朱雀献瑞草、独角兽。
著录与文献	戴应新、李仲煊：《陕西绥德县延家岔东汉画像石墓》，《考古》1983年3期234页，图二，4；李林、康兰英、赵力光：《陕北汉代画像石》，西安：陕西人民出版社，1995年，图254；汤池：《中国画像石全集5：陕西、山西汉画像石》，济南：山东美术出版社，2000年，图100；绥德汉画像石展览馆编，李贵龙、王建勤主编：《绥德汉代画像石》，西安：陕西人民美术出版社，2001年，50页，图22；曹世玉总编：《绥德文库——汉画像石卷》，北京：中国文史出版社，2004年，182页，图133。
出土/征集时间	1975年出土
收藏地	绥德县博物馆

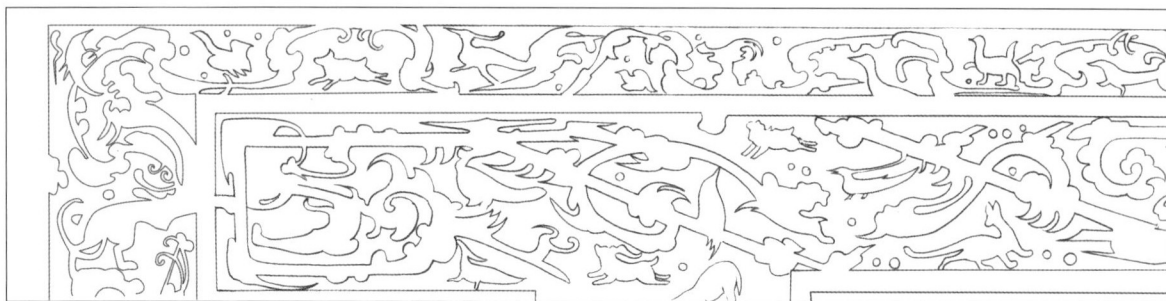

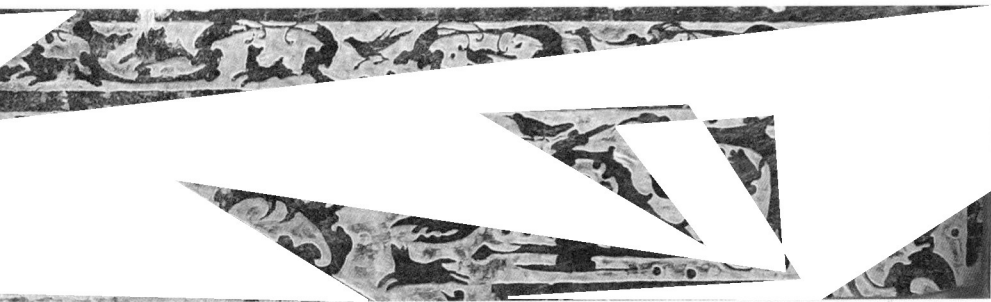

SSX-SD-100-06(局部)

编号	SSX-SD-100-08
时代	东汉
原收藏号	2205-77
出土地	辛店乡延家岔
原石尺寸	129×24
画面尺寸	110×19
质地	砂岩
原石情况	正面、上侧面、右侧面平整；下侧面呈毛石状；左侧面距正面 2.5 厘米减地，深 3 厘米。
所属墓群	延家岔 M1
组合关系	右外边柱，与横楣石，左外边柱，左、右门柱，左、右内边柱为墓室北壁七石组合。
画面简述	卷云鸟兽纹。卷云间穿插虎、龙、朱雀、双峰骆驼。
著录与文献	戴应新、李仲煊：《陕西绥德县延家岔东汉画像石墓》，《考古》1983 年 3 期 234 页，图二，4；李林、康兰英、赵力光：《陕北汉代画像石》，西安：陕西人民出版社，1995 年，图 259；汤池：《中国画像石全集 5：陕西、山西汉画像石》，济南：山东美术出版社，2000 年，图 100；绥德汉画像石展览馆编，李贵龙、王建勤主编：《绥德汉代画像石》，西安：陕西人民美术出版社，2001 年，51 页，图 22；曹世玉总编：《绥德文库——汉画像石卷》，北京：中国文史出版社，2004 年，183 页，图 138。
出土/征集时间	1975 年出土
收藏地	绥德县博物馆

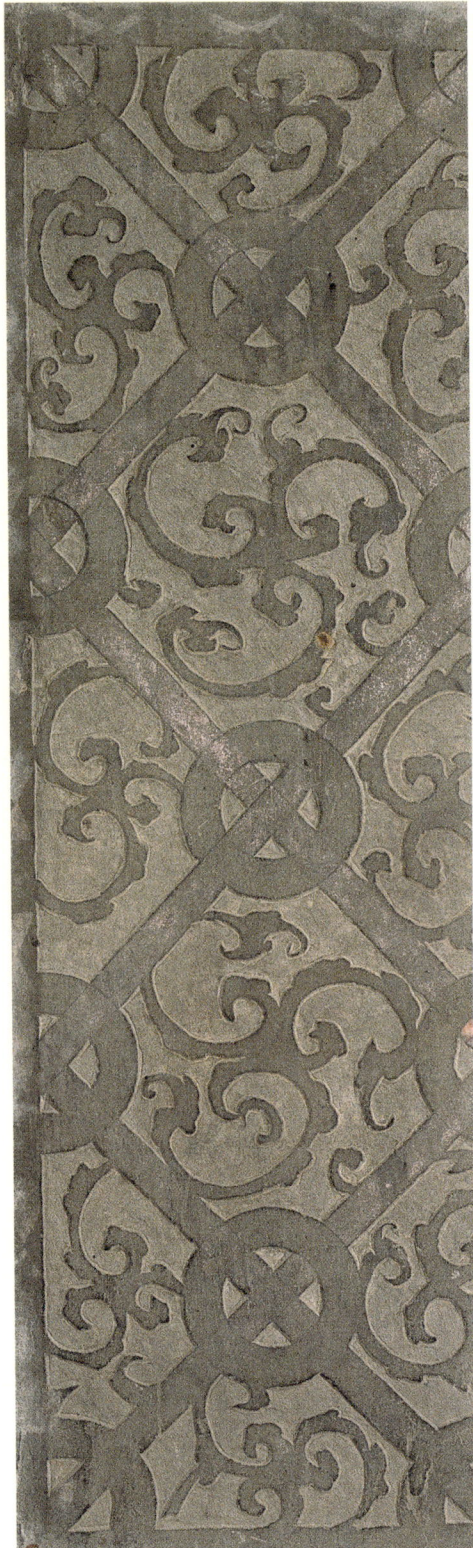

编号	SSX-SD-100-09
时代	东汉
原收藏号	2297-169
出土地	辛店乡延家岔
原石尺寸	115×42
画面尺寸	101×32
质地	砂岩
原石情况	正面、上侧面平整，下侧面呈毛石状，左、右侧面平整。
所属墓群	延家岔 M1
组合关系	左门柱，与横楣石，左、右外边柱，右门柱，左、右内边柱为墓室北壁七石组合。
画面简述	绶带穿璧纹。绶带间填刻卷云纹。出土时可见璧涂绿彩，上加白彩谷点纹，绶带涂红彩。
著录与文献	戴应新、李仲煊：《陕西绥德县延家岔东汉画像石墓》，《考古》1983 年 3 期 234 页，图二，4；李林、康兰英、赵力光：《陕北汉代画像石》，西安：陕西人民出版社，1995 年，图 255；汤池：《中国画像石全集 5：陕西、山西汉画像石》，济南：山东美术出版社，2000 年，图 100；绥德汉画像石展览馆编，李贵龙、王建勤主编：《绥德汉代画像石》，西安：陕西人民美术出版社，2001 年，50 页，图 22；曹世玉总编：《绥德文库——汉画像石卷》，北京：中国文史出版社，2004 年，182 页，图 134。
出土/征集时间	1975 年出土
收藏地	绥德县博物馆

编号	SSX-SD-100-10
时代	东汉
原收藏号	2200-72
出土地	辛店乡延家岔
原石尺寸	120×42
画面尺寸	101×32
质地	砂岩
原石情况	正面、背面、上、左、右侧面平整；下侧面呈毛石状。
所属墓群	延家岔 M1
组合关系	右门柱，与横楣石，左、右外边柱，左门柱，左、右内边柱为墓室北壁七石组合。
画面简述	绶带穿璧纹。绶带间填刻卷云纹。出土时可见璧涂绿彩，上加白彩谷点纹，绶带涂红彩。
著录与文献	戴应新、李仲煊：《陕西绥德县延家岔东汉画像石墓》，《考古》1983 年 3 期 234 页，图二，4；李林、康兰英、赵力光：《陕北汉代画像石》，西安：陕西人民出版社，1995 年，图 258；汤池：《中国画像石全集 5：陕西、山西汉画像石》，济南：山东美术出版社，2000 年，图 100；绥德汉画像石展览馆编，李贵龙、王建勤主编：《绥德汉代画像石》，西安：陕西人民美术出版社，2001 年，51 页，图 22；曹世玉总编：《绥德文库——汉画像石卷》，北京：中国文史出版社，2004 年，183 页，图 137。
出土/征集时间	1975 年出土
收藏地	绥德县博物馆

编号	SSX-SD-100-11
时代	东汉
原收藏号	2201-73
出土地	辛店乡延家岔
原石尺寸	123×35
画面尺寸	111×28
质地	砂岩
原石情况	正面、背面平整，有铁石锈斑；上侧面平整；下侧面呈毛石状；左侧面距正面3厘米 减地，深1厘米。
所属墓群	延家岔M1
组合关系	左内边柱，与横楣石，左、右外边柱，左、右门柱，右内边柱为墓室北壁七石组合。
画面简述	画面分为左、右两栏。左栏为卷云纹，右栏为卷云鸟兽纹。卷云纹中穿插独角兽、怪 兽、长尾鸟。
著录与文献	戴应新、李仲煊：《陕西绥德县延家岔东汉画像石墓》，《考古》1983年3期234页，图二， 4；李林、康兰英、赵力光：《陕北汉代画像石》，西安：陕西人民出版社，1995年， 图256；汤池：《中国画像石全集5：陕西、山西汉画像石》，济南：山东美术出版社， 2000年，图100；绥德汉画像石展览馆编，李贵龙、王建勤主编：《绥德汉代画像石》， 西安：陕西人民美术出版社，2001年，50页，图22；曹世玉总编：《绥德文库——汉 画像石卷》，北京：中国文史出版社，2004年，182页，图135。
出土/征集时间	1975年出土
收藏地	绥德县博物馆

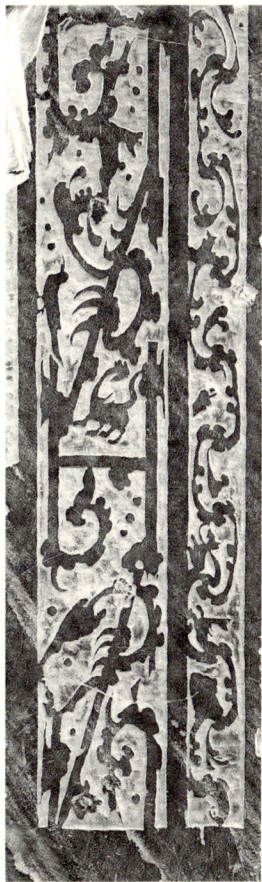

编号	SSX-SD-100-12
时代	东汉
原收藏号	2204-76
出土地	辛店乡延家岔
原石尺寸	129×36
画面尺寸	111×28
质地	砂岩
原石情况	正面、背面平整；上侧面平整；下侧面呈毛石状；左侧面平整，凿斜纹；右侧面平整，距正面 2.5 厘米减地，深 2 厘米。
所属墓群	延家岔 M1
组合关系	右内边柱，与横楣石，左、右外边柱，左、右门柱，左内边柱为墓室北壁七石组合。
画面简述	画面分为左、右两栏。右栏为卷云纹，左栏为卷云鸟兽纹。左栏卷云纹中穿插独角麒麟、鸟、长颈有翼怪兽。
著录与文献	戴应新、李仲煊：《陕西绥德县延家岔东汉画像石墓》，《考古》1983 年 3 期 234 页，图二，4；李林、康兰英、赵力光：《陕北汉代画像石》，西安：陕西人民出版社，1995 年，图 257；汤池：《中国画像石全集 5：陕西、山西汉画像石》，济南：山东美术出版社，2000 年，图 100；绥德汉画像石展览馆编，李贵龙、王建勤主编：《绥德汉代画像石》，西安：陕西人民美术出版社，2001 年，51 页，图 22；曹世玉总编：《绥德文库——汉画像石卷》，北京：中国文史出版社，2004 年，183 页，图 136。
出土/征集时间	1975 年出土
收藏地	绥德县博物馆

编号	SSX-SD-100-13
时代	东汉
原收藏号	2298-170
出土地	辛店乡延家岔
原石尺寸	45×37×6
画面尺寸	42×34
质地	砂岩
原石情况	原石左段残佚。正面、背面、下侧面平整；上侧面平整，凿人字纹；左侧面为断面；右侧面平整，凿斜纹。
所属墓群	延家岔 M1
组合关系	横楣石，与左、右外边柱，左、右门柱，左、右内边柱为墓室南壁七石组合。
画面简述	画面分为内、外两栏，均为卷云鸟兽纹，有怪兽穿插其间。（原石刻绝大部分残佚）
著录与文献	戴应新、李仲煊：《陕西绥德县延家岔东汉画像石墓》，《考古》1983 年 3 期；李林、康兰英、赵力光：《陕北汉代画像石》，西安：陕西人民出版社，1995 年，图 265。
出土/征集时间	1975 年出土
收藏地	绥德县博物馆

编号	SSX-SD-100-14
时代	东汉
原收藏号	2355-227
出土地	辛店乡延家岔
原石尺寸	124×24
画面尺寸	112×19
质地	砂岩
原石情况	正面、背面、上侧面、左侧面平整；下侧面呈毛石状；右侧面距正面 3 厘米开始减地，深 3.5 厘米，减地平整。
所属墓群	延家岔 M1
组合关系	左外边柱，与横楣石，右外边柱，左、右门柱，左、右内边柱为墓室南壁七石组合。
画面简述	卷云鸟兽纹。其间穿插兔首人身神坐于云端吹箫、龙、虎、长颈有翼怪兽等。
著录与文献	戴应新、李仲煊：《陕西绥德县延家岔东汉画像石墓》，《考古》1983 年 3 期 234 页，图三，1；李林、康兰英、赵力光：《陕北汉代画像石》，西安：陕西人民出版社，1995 年，图 266；汤池：《中国画像石全集 5：陕西、山西汉画像石》，济南：山东美术出版社，2000 年，图 102；绥德汉画像石展览馆编，李贵龙、王建勤主编：《绥德汉代画像石》，西安：陕西人民美术出版社，2001 年，52 页，图 23；曹世玉总编：《绥德文库——汉画像石卷》，北京：中国文史出版社，2004 年，184 页，图 139。
出土/征集时间	1975 年出土
收藏地	绥德县博物馆

编号	SSX-SD-100-15
时代	东汉
原收藏号	2202-74
出土地	辛店乡延家岔
原石尺寸	126×24
画面尺寸	107×19
质地	砂岩
原石情况	正面、背面、右侧面平整；上、下侧面呈毛石状；左侧面距正面 2.5 厘米开始减地，深 2.5 厘米，高、低两个面均平整。
所属墓群	延家岔 M1
组合关系	右外边柱，与横楣石，左外边柱，左、右门柱，左、右内边柱为墓室南壁七石组合。
画面简述	卷云鸟兽纹。其间穿插鸟、熊、鹿、鸟、狮子。
著录与文献	戴应新、李仲煊：《陕西绥德县延家岔东汉画像石墓》，《考古》1983 年 3 期 234 页，图三，2；李林、康兰英、赵力光：《陕北汉代画像石》，西安：陕西人民出版社，1995 年，图 271；汤池：《中国画像石全集 5：陕西、山西汉画像石》，济南：山东美术出版社，2000 年，图 101；绥德汉画像石展览馆编，李贵龙、王建勤主编：《绥德汉代画像石》，西安：陕西人民美术出版社，2001 年，53 页，图 23；曹世玉总编：《绥德文库——汉画像石卷》，北京：中国文史出版社，2004 年，185 页，图 144。
出土/征集时间	1975 年出土
收藏地	绥德县博物馆

编号	SSX-SD-100-16
时代	东汉
原收藏号	2227-99
出土地	辛店乡延家岔
原石尺寸	119×41
画面尺寸	101×31
质地	砂岩
原石情况	正面、背面、上侧面平整,下侧面呈毛石状。
所属墓群	延家岔 M1
组合关系	左门柱,与横楣石,左、右外边柱,右门柱,左、右内边柱为墓室南壁七石组合。
画面简述	绥带穿璧纹,绥带间填刻卷云纹。出土时可见璧涂绿彩,上加白彩谷点纹,绥带涂红彩。"
著录与文献	戴应新、李仲煊:《陕西绥德县延家岔东汉画像石墓》,《考古》1983 年 3 期;李林、康兰英、赵力光:《陕北汉代画像石》,西安:陕西人民出版社,1995 年,图 267;汤池:《中国画像石全集 5:陕西、山西汉画像石》,济南:山东美术出版社,2000 年,图 102;绥德汉画像石展览馆编,李贵龙、王建勤主编:《绥德汉代画像石》,西安:陕西人民美术出版社,2001 年,52 页,图 23;曹世玉总编:《绥德文库——汉画像石卷》,北京:中国文史出版社,2004 年,184 页,图 140。
出土/征集时间	1975 年出土
收藏地	绥德县博物馆

编号	SSX-SD-100-17
时代	东汉
原收藏号	2228-100
出土地	辛店乡延家岔
原石尺寸	117×42
画面尺寸	101×32
质地	砂岩
原石情况	正面平整磨光,下面平整,背面信息缺,余面平整。
所属墓群	延家岔 M1
组合关系	右门柱,与横楣石,左、右外边柱,左门柱,左、右内边柱为墓室南壁七石组合。
画面简述	绶带穿璧纹,绶带间填刻卷云纹。出土时可见璧涂绿彩,上加白彩谷点纹,绶带涂红彩。
著录与文献	李林、康兰英、赵力光:《陕北汉代画像石》,西安:陕西人民出版社,1995 年,图 270;汤池:《中国画像石全集 5:陕西、山西汉画像石》,济南:山东美术出版社,2000 年,图 101;绥德汉画像石展览馆编,李贵龙、王建勤主编:《绥德汉代画像石》,西安:陕西人民美术出版社,2001 年,53 页,图 23;曹世玉总编:《绥德文库——汉画像石卷》,北京:中国文史出版社,2004 年,185 页,图 143。
出土/征集时间	1975 年征集
收藏地	绥德县博物馆

编号	SSX-SD-100-18
时代	东汉
原收藏号	2226-98
出土地	辛店乡延家岔
原石尺寸	128×36
画面尺寸	111×27
质地	砂岩
原石情况	正面平整磨光，有铁锈石斑；背面信息缺；上侧面平整；下侧面为毛石面；左侧面平整磨光，距正面 3 厘米开始减地，深 3.5 厘米，减地平整；右侧面刻斜纹。
所属墓群	延家岔 M1
组合关系	左内边柱，与横楣石，左、右外边柱，左、右门柱，右内边柱为墓室南壁七石组合。
画面简述	画面分为内、外两栏，均为卷云鸟兽纹。其间穿插鸟、鹿、怪兽。
著录与文献	李林、康兰英、赵力光：《陕北汉代画像石》，西安：陕西人民出版社，1995 年，图 268；汤池：《中国画像石全集 5：陕西、山西汉画像石》，济南：山东美术出版社，2000 年，图 102；绥德汉画像石展览馆编，李贵龙、王建勤主编：《绥德汉代画像石》，西安：陕西人民美术出版社，2001 年，52 页，图 23；曹世玉总编：《绥德文库——汉画像石卷》，北京：中国文史出版社，2004 年，184 页，图 141。
出土/征集时间	1975 年征集
收藏地	绥德县博物馆

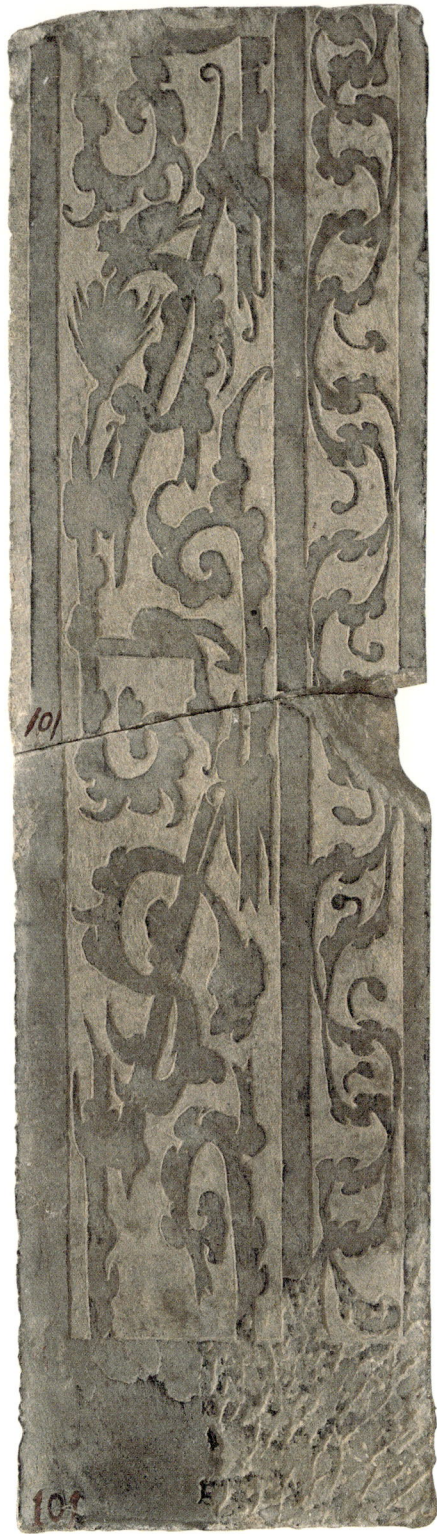

编号	SSX-SD-100-19
时代	东汉
原收藏号	2229-101
出土地	辛店乡延家岔
原石尺寸	127×36
画面尺寸	110×29
质地	砂岩
原石情况	正面、背面平整；上、下侧面呈毛石状；左侧面平整，凿斜纹和人字纹；右侧面距正面3厘米开始减地，深3.5厘米，减地处平整。
所属墓群	延家岔 M1
组合关系	右内边柱，与横楣石，左、右外边柱，左、右门柱，左内边柱为墓室南壁七石组合。
画面简述	画面分为内、外两栏。右栏为卷云纹，左栏为卷云鸟兽纹。其间穿插鸟、怪兽。
著录与文献	戴应新、李仲煊：《陕西绥德县延家岔东汉画像石墓》，《考古》1983 年 3 期；李林、康兰英、赵力光：《陕北汉代画像石》，西安：陕西人民出版社，1995 年，图 269；汤池：《中国画像石全集 5：陕西、山西汉画像石》，济南：山东美术出版社，2000 年，图 101；绥德汉画像石展览馆编，李贵龙、王建勤主编：《绥德汉代画像石》，西安：陕西人民美术出版社，2001 年，53 页，图 23；曹世玉总编：《绥德文库——汉画像石卷》，北京：中国文史出版社，2004 年，185 页，图 142。
出土/征集时间	1975 年出土
收藏地	绥德县博物馆

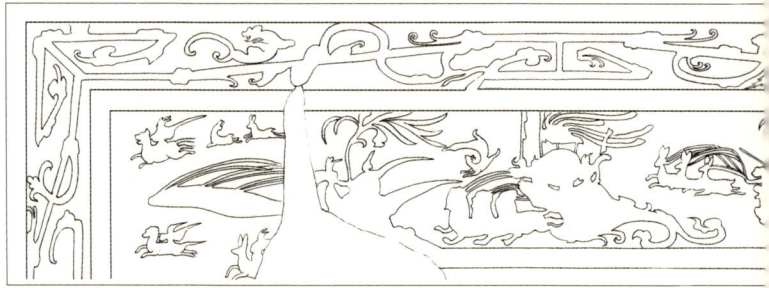

辛店乡延家岔 M1 墓室东壁三石组合
SSX-SD-100-20—SSX-SD-100-22

编号	SSX-SD-100-20
时代	东汉
原收藏号	2221-93
出土地	辛店乡延家岔
原石尺寸	210×36
画面尺寸	205×33
质地	砂岩
原石情况	原石断为三截。正面、背面平整；下侧面平整，凿刻斜纹；上、左、右侧面平整。
	延家岔 M1
所属墓群	横楣石，与左、右门柱为墓室东壁三石组合。
组合关系	画面分为内、外两栏。外栏是直条几何纹与卷云交织的纹饰。云头幻化出鸟兽的形象，
画面简述	卷云间穿插龙、虎。内栏画面从左到右可分为五组。第一组：一条大鲸（？）拉着云车（石
	刻局部残佚，云车不很明显，从后面的图像推测为辇），驭手右手控驭六缰，左手扶瑞草。
	乘坐者发束端竖，肩上的披风飘拂。大鲸两边有两骑马，一骑鹿的仙人伴飞，两兔形
	兽尾随。第二组：三只虎牵引着一朵云，云上置建鼓，鼓面前有两击鼓人站立。鼓侧
	面竖柱，柱头有流苏羽葆。一个头梳双丫髻的仙人腾空倒立飞行。第三组：三只兔子
	牵引一朵云，坐在前边的兽首御手一手持鞭，一手拉缰，作驱赶状。坐在云朵上的老
	者头戴王冠，胡须飘拂，身罩穹窿盖，盖上有瑞草状流苏羽葆。其后两仙人荷旌骑凤
	翱翔。第四组：三条带有缰绳的飞奔的龙（石刻残佚，推测应是牵引云朵车）。第五组：
	一座庭院，门口有双阙，围墙内两座房屋毗连。房屋左有一座尖顶建筑，出土时可看
	出用墨线勾画的栏杆和窗棂。院内两羽人奔走。
著录与文献	戴应新、李仲煊：《陕西绥德县延家岔东汉画像石墓》，《考古》1983 年 3 期 234 页，图
	二，5；李林、康兰英、赵力光：《陕北汉代画像石》，西安：陕西人民出版社，1995 年，
	图 260；汤池：《中国画像石全集 5：陕西、山西汉画像石》，济南：山东美术出版社，
	2000 年，图 103；绥德汉画像石展览馆编，李贵龙、王建勤主编：《绥德汉代画像石》，
	西安：陕西人民美术出版社，2001 年，54 页，图 24；曹世玉总编：《绥德文库——汉
	画像石卷》，北京：中国文史出版社，2004 年，188 页，图 145。
出土/征集时间	1975 年出土
收藏地	绥德县博物馆

94

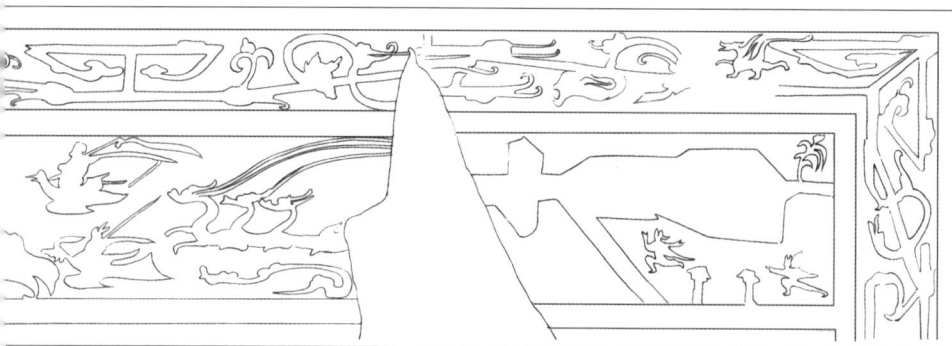

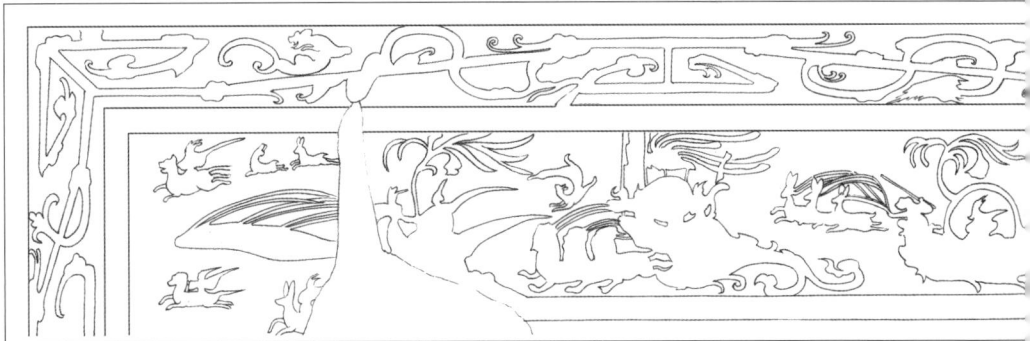

编号	SSX-SD-100-21
时代	东汉
原收藏号	2222-94
出土地	辛店乡延家岔
原石尺寸	136×45
画面尺寸	112.7×38
质地	砂岩
原石情况	正面、背面平整；上、左侧面平整；下侧面呈毛石状；右侧面平整，凿斜纹。
所属墓群	延家岔 M1
组合关系	左门柱，与横楣石、右门柱为墓室东壁三石组合。
画面简述	画面分为左、中、右三栏。左、右栏均为卷云纹。云头幻化出鸟兽形。中栏分上、下两格。上格端坐一神头戴王冠，肩生双羽，坐于仙山神树之巅。周围云气缭绕，一兔奔走。下格为一翼龙执矛（？），面门而立。
著录与文献	戴应新、李仲煊：《陕西绥德县延家岔东汉画像石墓》,《考古》1983 年 3 期 234 页,图二,6；李林、康兰英、赵力光：《陕北汉代画像石》，西安：陕西人民出版社，1995 年，图 261；汤池：《中国画像石全集 5：陕西、山西汉画像石》，济南：山东美术出版社，2000 年，图 104；绥德汉画像石展览馆编、李贵龙、王建勤主编：《绥德汉代画像石》，西安：陕西人民美术出版社，2001 年，54 页，图 24；曹世玉总编：《绥德文库——汉画像石卷》，北京：中国文史出版社，2004 年，188 页，图 146。
出土/征集时间	1975 年出土
收藏地	绥德县博物馆

144

编号	SSX-SD-100-22
时代	东汉
原收藏号	2223-95
出土地	辛店乡延家岔
原石尺寸	137×45
画面尺寸	113×37
质地	砂岩
原石情况	正面、背面平整；上、右侧面平整；下侧面呈毛石状；左侧面平整，凿斜纹。
所属墓群	延家岔 M1
组合关系	右门柱，与横楣石、左门柱为墓室东壁三石组合
画面简述	画面分为左、中、右三栏。左栏为卷云纹，右栏为直条几何纹与卷云纹交织，云头幻化出鸟兽形。中栏分上、下两格。上格仙山神树之巅竖不明柱状物（祖崇拜？），左、右有两羽人侍立。周围云气缭绕。树干间有一龙、一虎。下格为一翼虎面门而立。
著录与文献	戴应新、李仲煊：《陕西绥德县延家岔东汉画像石墓》，《考古》1983 年 3 期 234 页，图二，6；李林、康兰英、赵力光：《陕北汉代画像石》，西安：陕西人民出版社，1995 年，图 262；汤池：《中国画像石全集 5：陕西、山西汉画像石》，济南：山东美术出版社，2000 年，图 105；绥德汉画像石展览馆编、李贵龙、王建勤主编：《绥德汉代画像石》，西安：陕西人民美术出版社，2001 年，55 页，图 24；曹世玉总编：《绥德文库——汉画像石卷》，北京：中国文史出版社，2004 年，189 页，图 147。
出土/征集时间	1975 年出土
收藏地	绥德县博物馆

辛店乡延家岔 M1 墓室西壁三石组合
SSX-SD-100-23—SSX-SD-100-25

编号	SSX-SD-100-23
时代	东汉
原收藏号	2197-69
出土地	辛店乡延家岔
原石尺寸	288×36
画面尺寸	282×33
质地	砂岩
原石情况	原石断为三截，左上角残佚，右段下部、中段上部均有残破。正面、上侧面、下侧面、右侧面平整，左侧面为断面。
所属墓群	延家岔 M1
组合关系	横楣石，与左、右门柱为墓室西壁三石组合。
画面简述	画面分为内、外栏。外栏为卷云鸟兽纹，云头上幻化出龙、虎、鸟。内栏左边为狩猎图。四位猎手奔驰于连绵的山峦之中，张弓追射惊恐奔逃的野鸡、鹿、羊、兔、狐、野猪、野骆驼。中间五辆轺车，一辆轺车行进。第一辆轺车前后各有两骑吏导从，另九名骑吏与车队并排伴行。右边当是一处方正的院落。院落由几道栏杆区隔，覆盆式顶由四立柱支撑，院中有一亭，栏杆上露出三个近似圆形的不名物（树冠？）。出土时人物的五官、须眉、衣纹、衣褶、马缰、车轮的条幅以墨线勾绘，轺车的窗棂涂红彩。一人带帻巾，着短褐，捧物前行。
著录与文献	戴应新、李仲煊：《陕西绥德县延家岔东汉画像石墓》，《考古》1983 年 3 期 234 页，图二、3；李林、康兰英、赵力光：《陕北汉代画像石》，西安：陕西人民出版社，1995 年，图 246；汤池：《中国画像石全集 5：陕西、山西汉画像石》，济南：山东美术出版社，2000 年，图 97，图 25；绥德汉画像石展览馆编，李贵龙、王建勤主编：《绥德汉代画像石》，西安：陕西人民美术出版社，2001 年，56 页，192 页，图 148。曹世玉总编：《绥德文库——汉画画像石卷》，北京：中国文史出版社，2004 年，192 页，图 148。
出土/征集时间	1975 年出土
收藏地	绥德县博物馆

编号	SSX-SD-100-24
时代	东汉
原收藏号	2198-70
出土地	辛店乡延家岔
原石尺寸	125×95
画面尺寸	111×87
质地	砂岩
原石情况	正面、背面、上侧面平整，下侧面呈毛石状，左、右侧面平整。
所属墓群	延家岔 M1
组合关系	左门柱，与横楣石、右门柱为墓室西壁三石组合。
画面简述	画面分为左、中、右三栏。左右栏均为卷云纹。中间栏为一雄鹿，背生双翼，双角粗大后翘，长过躯体，两眼圆睁，昂首伫立。其背景为流畅飘绕的卷云鸟兽纹，其间穿插了虎、朱鹭衔鱼、熊持瑞草、朱雀、山鸡、怪兽张弓、狐等。
著录与文献	戴应新、李仲煊：《陕西绥德县延家岔东汉画像石墓》，《考古》1983 年 3 期 234 页，图二，3；李林、康兰英、赵力光：《陕北汉代画像石》，西安：陕西人民出版社，1995 年，图 247；汤池：《中国画像石全集 5：陕西、山西汉画像石》，济南：山东美术出版社，2000 年，图 99；绥德汉画像石展览馆编，李贵龙、王建勤主编：《绥德汉代画像石》，西安：陕西人民美术出版社，2001 年，56 页，图 25；曹世玉总编：《绥德文库——汉画像石卷》，北京：中国文史出版社，2004 年，192 页，图 149。
出土/征集时间	1975 年出土
收藏地	绥德县博物馆

编号	SSX-SD-100-25
时代	东汉
原收藏号	2199-71
出土地	辛店乡延家岔
原石尺寸	121×94
画面尺寸	111×87
质地	砂岩
原石情况	正面、背面、上侧面平整，下侧面呈毛石状，左、右侧面平整。
所属墓群	延家岔 M1
组合关系	右门柱，与横楣石、左门柱为墓室西壁三石组合。
画面简述	画面分为左、中、右三栏。左右栏均为卷云纹。中间栏为一盘角羊，背生双翼，双角粗大，自上而下盘曲至背部，两眼圆睁，昂首伫立。其背景为流畅飘绕的卷云鸟兽纹，其间穿插了虎、朱鹭衔鱼、熊持瑞草、龙、兔、山鸡、狐、玄武等。
著录与文献	戴应新、李仲煊：《陕西绥德县延家岔东汉画像石墓》，《考古》1983 年 3 期 234 页，图二,3；李林、康兰英、赵力光：《陕北汉代画像石》，西安：陕西人民出版社，1995 年，图 248；汤池：《中国画像石全集 5：陕西、山西汉画像石》，济南：山东美术出版社，2000 年，图 98；绥德汉画像石展览馆编，李贵龙、王建勤主编：《绥德汉代画像石》，西安：陕西人民美术出版社，2001 年，57 页，图 25；曹世玉总编：《绥德文库——汉画像石卷》，北京：中国文史出版社，2004 年，193 页，图 150。
出土/征集时间	1975 年出土
收藏地	绥德县博物馆

编号	SSX-SD-100-26
时代	东汉
原收藏号	2371-243
出土地	辛店乡延家岔
原石尺寸	33×33×14(梯形，上台面高 29×29)
画面尺寸	24×24
质地	砂岩
原石情况	正面、背面平整。上、下、左、右侧面平整，凿斜线。
所属墓群	延家岔 M1
组合关系	不详
画面简述	正中阳刻一圆形，圆外朝边框四角伸出四支箭头，箭头呈桃形。圆周围填刻卷云纹。出土时，圆形涂红彩，墨线勾画金乌振翅作飞翔状。
著录与文献	戴应新、李仲煊：《陕西绥德县延家岔东汉画像石墓》，《考古》1983 年 3 期 234 页，图四，2；李林、康兰英、赵力光：《陕北汉代画像石》，西安：陕西人民出版社，1995 年，图 613；绥德汉画像石展览馆编，李贵龙、王建勤主编：《绥德汉代画像石》，西安：陕西人民美术出版社，2001 年，196 页，图 127；曹世玉总编：《绥德文库——汉画像石卷》，北京：中国文史出版社，2004 年，506 页，图 477。
出土/征集时间	1975 年出土
收藏地	绥德县博物馆
备注	墓室顶部石

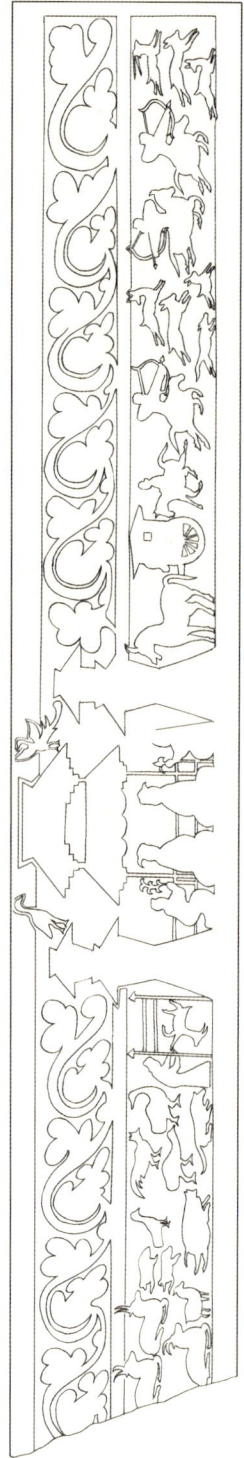

编号　SSX-SD-101

时代　东汉

原收藏号　2317-189

出土地　辛店乡延家岔

原石尺寸　238×38

画面尺寸　234×28

质地　砂岩

原石情况　原石左端残佚。正面、背面、上侧面平整；下侧面平整，凿斜纹，凿面呈石状；左侧面为断面；右侧面呈毛石状。

所属墓群　不详

组合关系　不详

画面简述　画面正中为一座二层楼阁。两妇人头梳垂髻，着袍拥袖，对坐于一层厅堂内，似在交谈。两仆役跪地侍奉。厅堂外双阙竖立，两朱鸟站立于屋面上。阙楼建筑的左、右两边分别为上、下两栏。上栏均为卷云纹。左边下栏为饲养家禽牲畜图。画面中猪羊满圈，鸡鸭成群，或卧或立，一副畜兴旺的景象。一人戴帻着袍，立于拴羊的架子旁，一手拉着一只羊腿，一手拿刀，作宰杀状。身后一犬卧伏。右边下栏为狩猎图。三骑手张弓追射拼命奔逃的狐、兔、鹿。

著录与文献　李林、康兰英、赵力光:《陕北汉代画像石》，西安:陕西人民出版社，1995年，图476；汤池:《中国画像石全集5:陕西、山西汉画像石》，济南:山东美术出版社，2000年，图160；绥德汉画像石展览馆编、王建勤主编:《绥德汉代画像石》，西安:陕西人民美术出版社，2001年，108页，图59；曹世玉总编:《绥德文库——汉画像石卷》，北京:中国文史出版社，2004年，286页，图244。

出土/征集时间　1975年征集

收藏地　绥德县博物馆

备注

编号	SSX-SD-102
时代	东汉
原收藏号	2320-192
出土地	辛店乡延家岔
原石尺寸	142×52
画面尺寸	107×39
质地	砂岩
原石情况	正面、背面、下侧面、左侧面、右侧面均平整。上侧面呈毛石状。
所属墓群	不详
组合关系	不详
画面简述	画面自上而下分为三格。第一格：覆盆式柱础、柱、四层斗栱。柱左一人戴冠着袍捧牍站立，柱右为交尾鸡、蹲犬等。第二格：一辆辎车停立，对面两人戴冠着袍，双手捧牍恭立，作迎迓状。等三格：一农夫带帻巾着短褐，手拿镰刀，面对大片饱满的谷穗，作开镰收割状。
著录与文献	李林、康兰英、赵力光：《陕北汉代画像石》，西安：陕西人民出版社，1995 年，图 555；汤池：《中国画像石全集 5：陕西、山西汉画像石》，济南：山东美术出版社，2000 年，图 106；绥德汉画像石展览馆编，李贵龙、王建勤主编：《绥德汉代画像石》，西安：陕西人民美术出版社，2001 年，188 页，图 119；曹世玉总编：《绥德文库——汉画像石卷》，北京：中国文史出版社，2004 年，423 页，图 385。
出土/征集时间	1975 年征集
收藏地	绥德县博物馆

辛店乡延家岔 M2 墓门面五石组合
SSX-SD-103-01—SSX-SD-103-05

编号　SSX-SD-103-01

时代　东汉

原收藏号　2206-78

出土地　辛店乡延家岔

原石尺寸　240×42

画面尺寸　169×36

质地　砂岩

原石情况　正面、背面平整；上侧面平整，凿斜纹；下侧面呈毛石状；左、右侧面呈毛石状。

所属墓群　延家岔 M2

组合关系　门楣石，与左、右门柱，左、右门扉为墓门面五石组合。

画面简述　画面分为内、外栏两栏。外栏为卷云鸟兽纹。左、右两端各阳刻一圆形，象征日、月。卷云纹间穿插朱鸟、羽人、龙、麒麟、羽人搜怪兽尾、怪兽衔虎尾、怪兽衔草等。内栏为灵禽瑞兽图。有盘角羊、雄鹿、龙、虎、朱雀、麒麟。

著录与文献　李林、康兰英、赵力光：《陕北汉代画像石》，西安：陕西人民出版社，1995 年，图 282；汤池：《中国画像石全集 5：陕西、山西汉画像石》，济南：山东美术出版社，2000 年，图 147；绥德汉画像石展览馆编，李贵龙、王建勤主编：《绥德汉代画像石》，西安：陕西人民美术出版社，2001 年，70 页，图 30；曹世玉总编：《绥德文库——汉画画像石卷》，北京：中国文史出版社，2004 年，218 页，图 177。

出土/征集时间　1977 年征集

收藏地　绥德县博物馆

编号	SSX-SD-103-02
时代	东汉
原收藏号	2207-79
出土地	辛店乡延家岔
原石尺寸	136×45×6.5
画面尺寸	85×31
质地	砂岩
原石情况	正面、背面、上侧面平整；下侧面、左侧面呈毛石状；右侧面平整，凿人字纹。
所属墓群	延家岔 M2
组合关系	左门柱，与门楣石，右门柱，左、右门扉为墓门面五石组合。
画面简述	画面分为上、下两格。上格分为内、外两栏。外栏为卷云鸟兽纹，与门楣石外栏的卷云鸟兽纹相衔接。其间穿插熊、三角怪兽、羽人按虎头、鹿、有翼兽。内栏上为戴王冠者坐于仙山神树之巅，与羽人博弈。树干间翼龙伸颈仰首，一雄鹿伫立。下为一吏戴冠着袍，捧简牍面门恭立。下格为玄武。
著录与文献	李林、康兰英、赵力光：《陕北汉代画像石》，西安：陕西人民出版社，1995 年，图283；绥德汉画像石展览馆，李贵龙、王建勤主编：《绥德汉代画像石》，西安：陕西人民美术出版社，2001 年，70 页，图 30；曹世玉总编：《绥德文库——汉画像石卷》，北京：中国文史出版社，2004 年，218 页，图 178。
出土/征集时间	1977 年征集
收藏地	绥德县博物馆

编号	SSX-SD-103-03
时代	东汉
原收藏号	2208-80
出土地	辛店乡延家岔
原石尺寸	128×46×7
画面尺寸	84×31
质地	砂岩
原石情况	正面、背面平整；上侧面平整，凿斜纹；下侧面、右侧面呈毛石状；左侧面平整，凿人字纹。
所属墓群	延家岔 M2
组合关系	右门柱，与门楣石，左门柱，左、右门扉为墓门面五石组合。
画面简述	画面分为上、下两格。上格分为内、外两栏。外栏为卷云鸟兽纹，与门楣石外栏的卷云鸟兽纹相衔接。其间穿插熊、三角怪兽、羽人按虎头、鹿、有翼兽。内栏上为西王母头戴胜仗，端坐于仙山神树之巅，左右有羽人、玉兔跪侍。树干间有狐、鹿、飞鸟、瑞草。下为一吏戴冠着袍，捧簪犊面门恭立。下格为玄武。
著录与文献	李林、康兰英、赵力光：《陕北汉代画像石》，西安：陕西人民出版社，1995 年，图 286；绥德汉画像石展览馆编，李贵龙、王建勤主编：《绥德汉代画像石》，西安：陕西人民美术出版社，2001 年，71 页，图 30；曹世玉总编：《绥德文库——汉画像石卷》，北京：中国文史出版社，2004 年，219 页，图 181。
出土/征集时间	1977 年出土
收藏地	绥德县博物馆
备注	左、右门柱为同一格套，除内栏上格东王公、西王母以及神树间穿插物的变化外，其余画面使用同一模板制作。

编　　号	SSX-SD-103-04
时　　代	东汉
原收藏号	2209-81
出 土 地	辛店乡延家岔
原石尺寸	133×56×6
画面尺寸	96×36
质　　地	砂岩
原石情况	正面、背面平整；上侧面平整，凿人字纹；下侧面平整，凿人字纹；左侧面呈毛石状；右侧面平整，凿斜纹，呈马蹄面。
所属墓群	延家岔 M2
组合关系	左门扉，与门楣石，左、右门柱，右门扉为墓门面五石组合。
画面简述	朱雀、铺首、翼虎图。铺首的双目阴线刻画。
著录与文献	李林、康兰英、赵力光：《陕北汉代画像石》，西安：陕西人民出版社，1995 年，图 284；绥德汉画像石展览馆编，李贵龙、王建勤主编：《绥德汉代画像石》，西安：陕西人民美术出版社，2001 年，70 页，图 30；曹世玉总编：《绥德文库——汉画像石卷》，北京：中国文史出版社，2004 年，218 页，图 179。
出土/征集时间	1977 年出土
收 藏 地	绥德县博物馆

编号	SSX-SD-103-05
时代	东汉
原收藏号	2210-82
出土地	辛店乡延家岔
原石尺寸	134×55×5
画面尺寸	98×36
质地	砂岩
原石情况	正面、背面平整；上侧面平整，凿斜纹；下侧面平整，凿斜纹；左侧面平整，凿斜纹；右侧面靠正面 2.5 厘米处凿斜纹，靠背面处呈毛石状。
所属墓群	延家岔 M2
组合关系	右门扉，与门楣石、左、右门柱、左门扉为墓门面五石组合。
画面简述	朱雀、铺首、翼虎图。铺首的双目阴线刻画。
著录与文献	李林、康兰英、赵力光：《陕北汉代画像石》，西安：陕西人民出版社，1995 年，图 285；绥德汉画像石展览馆编，李贵龙、王建勤主编《绥德汉代画像石》，西安：陕西人民美术出版社，2001 年，71 页，图 30;曹世玉总编：《绥德文库——汉画像石卷》，北京：中国文史出版社，2004 年，219 页，图 180。
出土/征集时间	1977 年出土
收藏地	绥德县博物馆

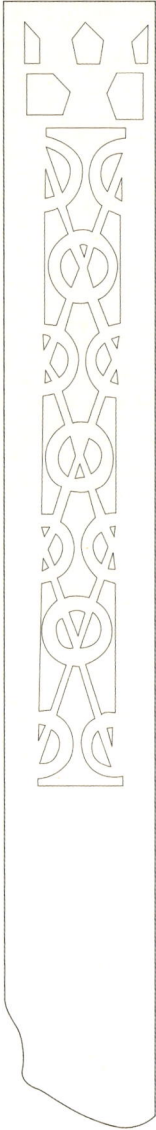

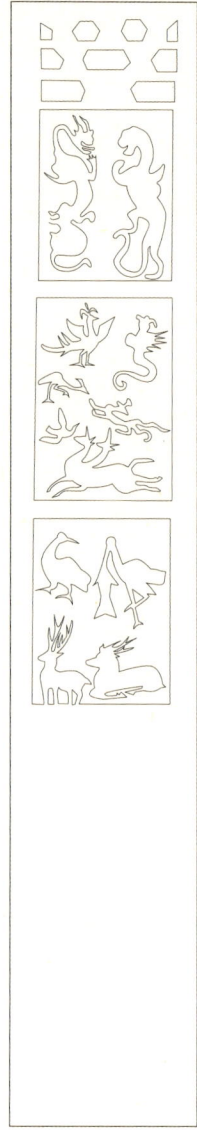

辛店乡延家岔 M2 墓室西壁五石组合
SSX-SD-103-06—SSX-SD-103-10

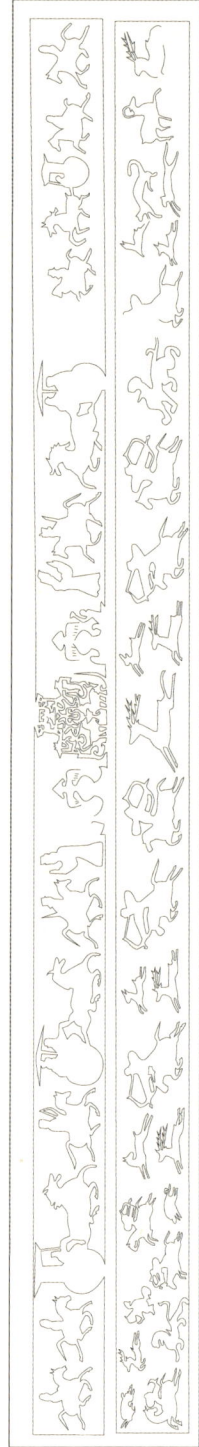

编　　号	SSX-SD-103-06
时　　代	东汉
原收藏号	2211-83
出 土 地	辛店乡延家岔
原石尺寸	268×38
画面尺寸	259×30
质　　地	砂岩
原石情况	原石断为三截，左段下部、右段上部均有残伏。正面、背面、上侧面平整；下侧面平整，凿斜纹；左、右侧面呈毛石状。
所属墓群	延家岔 M2
组合关系	与左、右边柱，左、右门柱为墓室西壁五石组合。
画面简述	横楣石。下两栏。上栏正中为一阁楼，楼内云气缭绕。阁楼外，左、右各有一建鼓立于雕花鼓座之上，鼓架上部有流苏羽葆垂挂。两击鼓人分别跪于鼓座旁，一手扶鼓座，一手高举桴作击鼓状；左边一人戴进贤冠，着鼓袍，躬身站立。迎面而来的是一辆招车和一辆辎车。招车前有荷棒状器骑吏前导，后有执弓箭骑吏相从。辎车前有荷棒状器骑吏随行；右边一人戴进贤冠，着袍，手捧简牍，躬身站立。较为特殊的是驭于面而后坐。下栏刻画狩猎图。画面中几名猎手有荷棒状器骑吏前导（车后局部残伏。辎车之后两徒手骑吏随行）辎车前后均有荷棒状徒吏随行。一猎手蹲于地上，作脚蹬弩机射猎状。被围猎的惊慌奔逃的动物有虎、鹿、野羊、野猪、狐、兔等。台端一雄鹿卧伏，较为特有的反身朝后，有的挺身向前，均张弓追射猎物。一猎手跨于鹿角羊面而立。一盘角羊面鹿仁立。
著录与文献	李林、康兰英、赵力光：《陕北汉代画像石》，西安：陕西人民出版社，1995年，图289；汤池：《中国画像石全集 5：陕西、山西汉画像石》，济南：山东美术出版社，2000年，图148；绥德汉画像石展览馆主编，李贵龙、王建勤主编：《绥德汉画像石》，西安：陕西人民美术出版社，2001年，74页，图32；曹世玉总编：《绥德文库——汉画像石卷》，北京：中国文史出版社，2004年，228页，图185。
出土/征集时间	1977年征集
收藏地	绥德县博物馆

编号	SSX-SD-103-07
时代	东汉
原收藏号	2212-84
出土地	辛店乡延家岔
原石尺寸	145×23
画面尺寸	95×14
质地	砂岩
原石情况	正面、背面、上侧面平整；下侧面呈毛石状；左、右侧面平整，凿斜纹。
所属墓群	延家岔 M2
组合关系	左边柱，与横楣石，右边柱，左、右门柱为墓室西壁五石组合。
画面简述	上为斗栱，下为绶带穿璧纹。
著录与文献	李林、康兰英、赵力光：《陕北汉代画像石》，西安：陕西人民出版社，1995 年，图 290；绥德汉画像石展览馆编，李贵龙、王建勤主编：《绥德汉代画像石》，西安：陕西人民美术出版社，2001 年，74 页，图 32；曹世玉总编：《绥德文库——汉画像石卷》，北京：中国文史出版社，2004 年，228 页，图 186。
出土/征集时间	1977 年出土
收藏地	绥德县博物馆

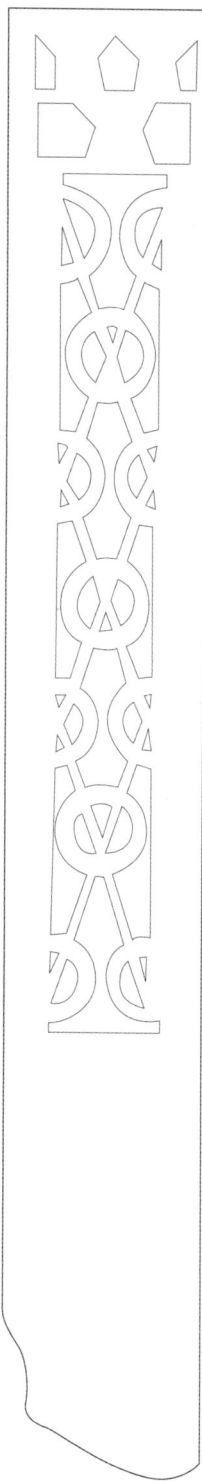

87

编号	SSX-SD-103-08
时代	东汉
原收藏号	2215-87
出土地	辛店乡延家岔
原石尺寸	137×22
画面尺寸	95×14
质地	砂岩
原石情况	正面、背面、上侧面、左侧面平整；下侧面呈毛石状；右侧面平整，凿斜线。
所属墓群	延家岔 M2
组合关系	右边柱，与横楣石，左边柱，左、右门柱为墓室西壁五石组合。
画面简述	上为斗栱，下为绶带穿璧纹。
著录与文献	李林、康兰英、赵力光：《陕北汉代画像石》，西安：陕西人民出版社，1995 年，图 293；绥德汉画像石展览馆编、李贵龙、王建勤主编：《绥德汉代画像石》，西安：陕西人民美术出版社，2001 年，75 页，图 32；曹世玉总编：《绥德文库——汉画像石卷》，北京：中国文史出版社，2004 年，229 页，图 189。
出土/征集时间	1977 年出土
收藏地	绥德县博物馆

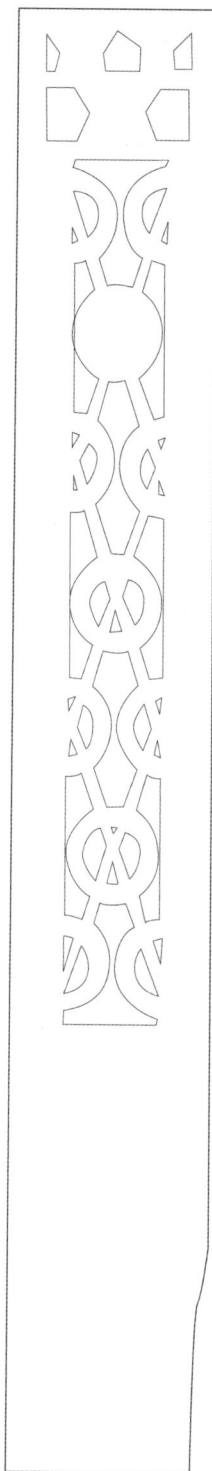

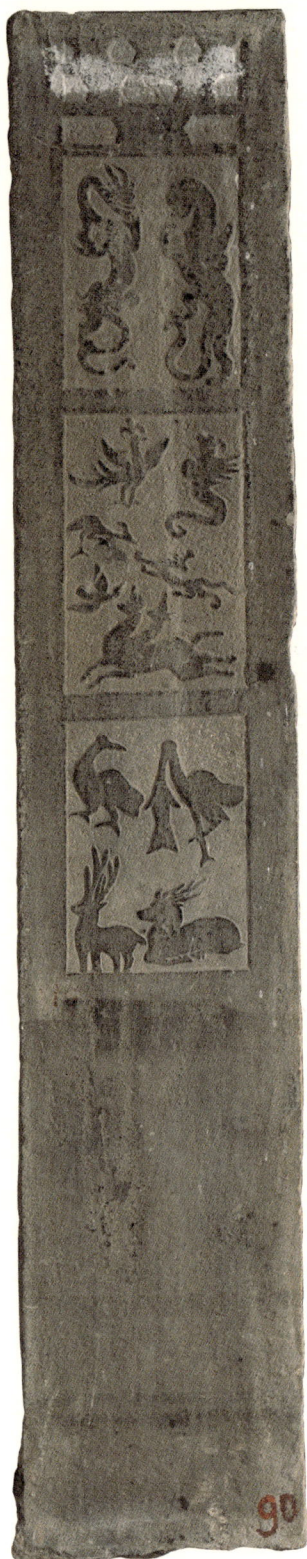

编号	SSX-SD-103-09
时代	东汉
原收藏号	2218-90
出土地	辛店乡延家岔
原石尺寸	151×29
画面尺寸	91×19
质地	砂岩
原石情况	正面、背面、上侧面平整；左侧面平整，凿斜纹；下侧面、右侧面呈毛石状。
所属墓群	延家岔 M2
组合关系	左门柱，与横楣石，左、右边柱，右门柱为墓室西壁五石组合。
画面简述	画面自上而下分为四格。第一格：斗拱。第二格：青龙、白虎相对而立。第三格：人首人身蛇尾、头梳垂髻的女娲、朱雀、青龙、双头鹿等。第四格：鹭衔鱼、朱鸟、两鹿一立一卧。
著录与文献	李林、康兰英、赵力光：《陕北汉代画像石》，西安：陕西人民出版社，1995 年，图 291；汤池：《中国画像石全集 5：陕西、山西汉画像石》，济南：山东美术出版社，2000 年，图 145；绥德汉画像石展览馆编，李贵龙、王建勤主编：《绥德汉代画像石》，西安：陕西人民美术出版社，2001 年，74 页，图 32；曹世玉总编：《绥德文库——汉画像石卷》，北京：中国文史出版社，2004 年，228 页，图 187。
出土/征集时间	1977 年出土
收藏地	绥德县博物馆

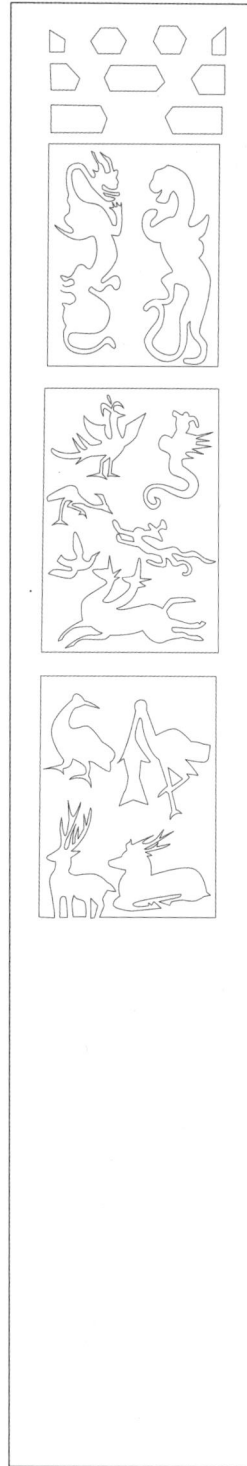

编号	SSX-SD-103-10
时代	东汉
原收藏号	2217-89
出土地	辛店乡延家岔
原石尺寸	145×29
画面尺寸	94×19
质地	砂岩
原石情况	正面、背面、上侧面、左侧面平整；下侧面呈毛石状；右侧面平整，凿斜线。
所属墓群	延家岔 M2
组合关系	右门柱，与横楣石，左、右边柱，左门柱为墓室西壁五石组合。
画面简述	画面自上而下分为四格。第一格：斗栱。第二格：青龙、白虎相对而立。第三格：人首人身蛇尾、头梳垂髻的女娲、朱雀、青龙、双头鹿等。第四格：鹭衔鱼、朱鸟、两鹿一立一卧。
著录与文献	李林、康兰英、赵力光：《陕北汉代画像石》，西安：陕西人民出版社，1995 年，图 292；汤池：《中国画像石全集 5：陕西、山西汉画像石》，济南：山东美术出版社，2000 年，图 146；绥德汉画像石展览馆编，李贵龙、王建勤主编：《绥德汉代画像石》，西安：陕西人民美术出版社，2001 年，75 页，图 32；曹世玉总编：《绥德文库——汉画像石卷》，北京：中国文史出版社，2004 年，229 页，图 188。
出土/征集时间	1977 年出土
收藏地	绥德县博物馆
备注	左、右门柱使用同一模板制作。

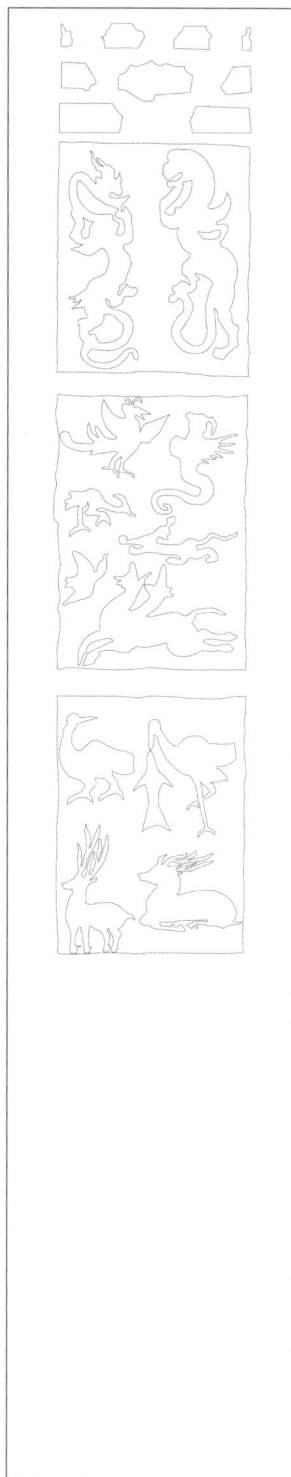

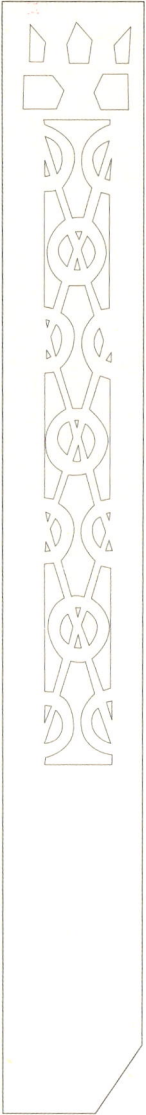

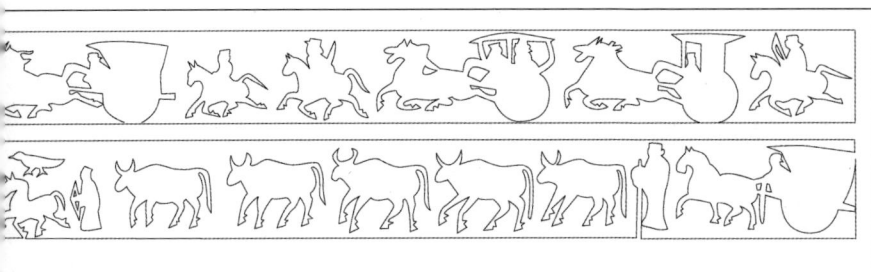

辛店乡延家岔 M2 墓室前室北壁五石组合
SSX-SD-103-11—SSX-SD-103-15

编号	SSX-SD-103-11
时代	东汉
原收藏号	2216-88
出土地	辛店乡延家岔
原石尺寸	273×38×5
画面尺寸	265×30
质地	砂岩
原石情况	正面、背面平整；上侧面呈毛石状；下侧面平整，凿人字纹；左、右侧面平整，凿斜纹。
所属墓群	延家岔 M2
组合关系	横楣石，与左、右边柱，左、右门柱为墓室前室北壁五石组合。
画面简述	画面分为上、下两栏。上栏为车骑出行图。左端有一人戴冠着袍，手捧简牍朝迎面而来的车骑队列站立。一执弓和一荷架载的骑吏之后，又一人戴冠着袍，手捧简牍朝迎面而来的车骑队列站立。奔驰而来的是两辆轺车，一辆屏车，两辆辎车，五骑吏伴随导从。下栏为放牧图。左边是两牧羊人眼跟随随齐整排列整齐的羊群行进。其后两牛眼随。两牛后是一棵枝叶繁茂的树。一牧马人带帻巾着袍，手拿缰绕起来的马鞭跟随在马群之后。右边是一牧牛人带帻巾着袍，双手持棍眼跟随牛群行进。后为一辆屏车。
著录与文献	李林、康兰英、赵力光：《陕北汉代画像石》，西安：陕西人民出版社，1995年，图295；绥德汉画像石展览馆编，李贵龙、王建勤主编：《绥德汉代画像石》，西安：陕西人民美术出版社，2001年，78页，图34；曹世玉总编：《绥德文库·汉画像石卷》，北京：中国文史出版社，2004年，238页，图195。
出土/征集时间	1977年出土
收藏地	绥德县博物馆

编号	SSX-SD-103-12
时代	东汉
原收藏号	2219-91
出土地	辛店乡延家岔
原石尺寸	140×21×5
画面尺寸	95×14
质地	砂岩
原石情况	正面、背面、上侧面平整；下侧面、右侧面呈毛石状；左侧面欠平整，凿斜线。
所属墓群	延家岔 M2
组合关系	左边柱，与横楣石，右边柱，左、右门柱为墓室前室北壁五石组合。
画面简述	上为斗栱，下为绶带穿璧纹。
著录与文献	李林、康兰英、赵力光：《陕北汉代画像石》，西安：陕西人民出版社，1995 年，图 296；绥德汉画像石展览馆编，李贵龙、王建勤主编：《绥德汉代画像石》，西安：陕西人民美术出版社，2001 年，78 页，图 34；曹世玉总编：《绥德文库——汉画像石卷》，北京：中国文史出版社，2004 年，238 页，图 196。
出土/征集时间	1977 年出土
收藏地	绥德县博物馆

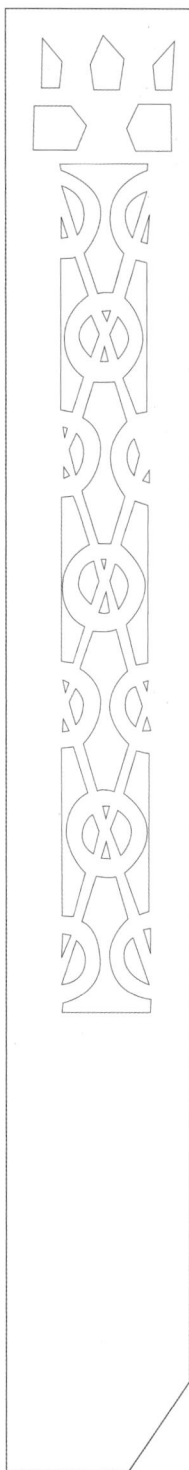

编号	SSX-SD-103-13
时代	东汉
原收藏号	2220-92
出土地	辛店乡延家岔
原石尺寸	145×24×9
画面尺寸	94×14
质地	砂岩
原石情况	正面、背面平整；上侧面、左侧面平整，凿斜纹；下侧面呈毛石状；右侧面欠平整，凿斜纹。
所属墓群	延家岔 M2
组合关系	右边柱，与横楣石，左边柱，左、右门柱为墓室前室北壁五石组合。
画面简述	上为斗栱，下为绶带穿璧纹。
著录与文献	李林、康兰英、赵力光：《陕北汉代画像石》，西安：陕西人民出版社，1995 年，图 299；绥德汉画像石展览馆编，李贵龙、王建勤主编：《绥德汉代画像石》，西安：陕西人民美术出版社，2001 年，79 页，图 34；曹世玉总编：《绥德文库——汉画像石卷》，北京：中国文史出版社，2004 年，239 页，图 199。
出土/征集时间	1977 年出土
收藏地	绥德县博物馆

编号	SSX-SD-103-14
时代	东汉
原收藏号	2213-85
出土地	辛店乡延家岔
原石尺寸	133×29×7
画面尺寸	92×15
质地	砂岩
原石情况	正面、背面、上侧面平整；下侧面呈毛石状；左侧面平整，凿斜纹；右侧面平整，凿工整的人字纹。
所属墓群	延家岔 M2
组合关系	左门柱，与横楣石，左、右边柱，右门柱为墓室前室北壁五石组合。
画面简述	画面自上而下分为三格。上格为东王公坐于仙山神树之巅，与羽人博弈，树干间有雄鹿伫立，龙首绕树干伸出。中格为一门吏戴平巾帻，着长襦大袴，拥彗面门站立。下格为一马拴于一株枝叶繁茂的树上。
著录与文献	李林、康兰英、赵力光：《陕北汉代画像石》，西安：陕西人民出版社，1995 年，图 297；汤池：《中国画像石全集 5：陕西、山西汉画像石》，济南：山东美术出版社，2000 年，图 140；绥德汉画像石展览馆编，李贵龙、王建勤主编：《绥德汉代画像石》，西安：陕西人民美术出版社，2001 年，78 页，图 34；曹世玉总编：《绥德文库——汉画像石卷》，北京：中国文史出版社，2004 年，238 页，图 197。
出土/征集时间	1977 年出土
收藏地	绥德县博物馆

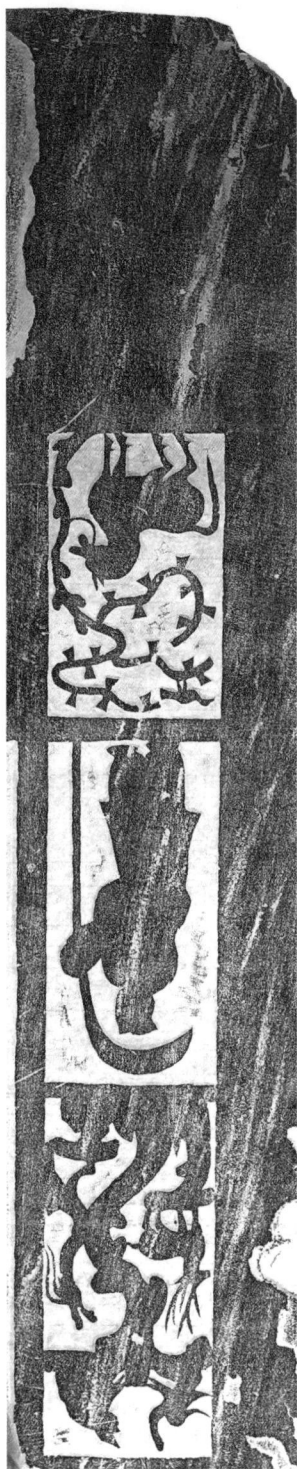

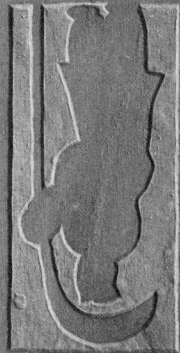

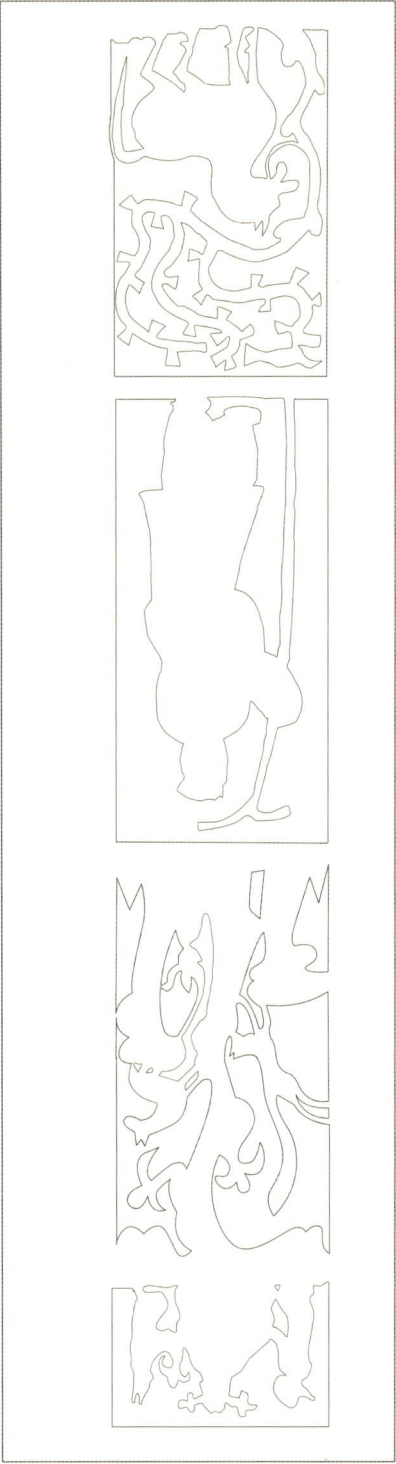

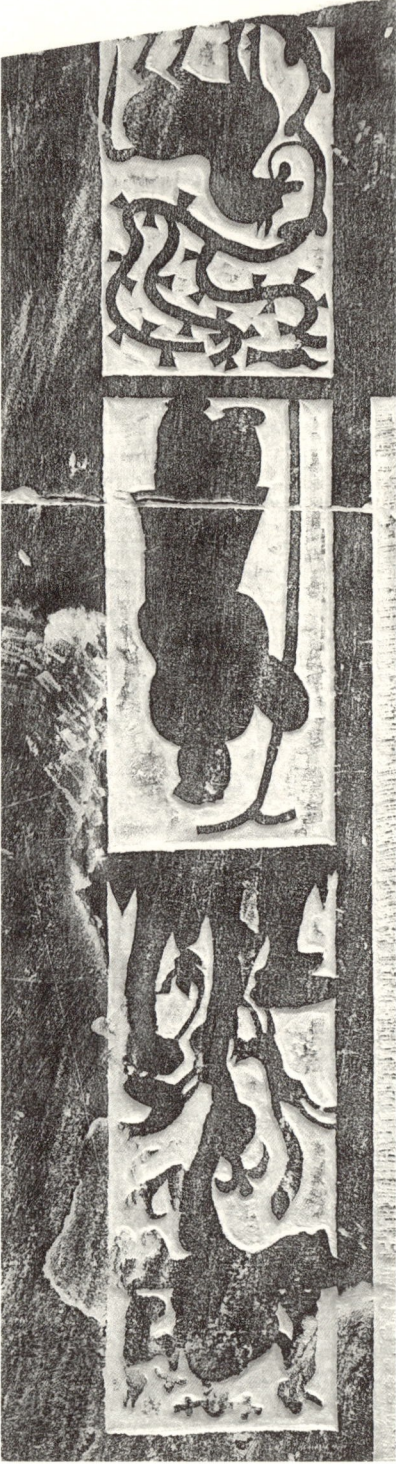

编号	SSX-SD-103-15
时代	东汉
原收藏号	2214-86
出土地	辛店乡延家岔
原石尺寸	97×29×6
画面尺寸	92×15
质地	砂岩
原石情况	原石断为两截，下端有残损。正面、背面、上侧面平整；下侧面为断面；左侧面平整，凿工整的人字纹；右侧面平整，凿工整的斜纹。
所属墓群	延家岔 M2
组合关系	右门柱，与横楣石，左、右边柱，左门柱为墓室前室北壁五石组合。
画面简述	画面自上而下分为三格。上格为西王母头戴胜仗、着袍坐于仙山神树之巅，左右有玉兔、羽人跪侍。树干间有狐、鹿、飞鸟、瑞草。中格为一门史戴平巾帻，着长襦大袴，持棨戟面门站立。下格一马拴于一株枝叶繁茂的树上。
著录与文献	李林、康兰英、赵力光：《陕北汉代画像石》，西安：陕西人民出版社，1995 年，图 298；绥德汉画像石展览馆编，李贵龙、王建勤主编：《绥德汉代画像石》，西安：陕西人民美术出版社，2001 年，79 页，图 34; 曹世玉总编：《绥德文库——汉画像石卷》，北京：中国文史出版社，2004 年，239 页，图 198。
出土/征集时间	1977 年出土
收藏地	绥德县博物馆

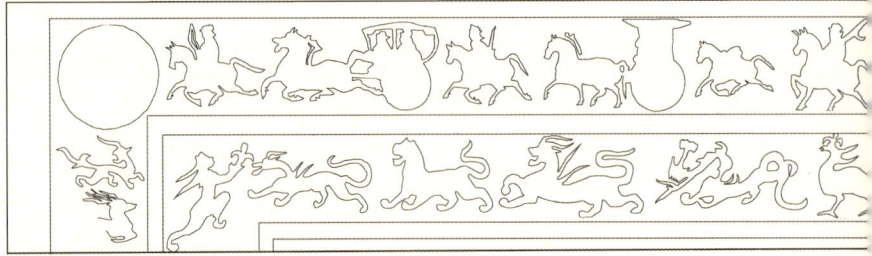

辛店乡延家岔 M2 墓室前室东壁三石组合
SSX-SD-103-16—SSX-SD-103-18

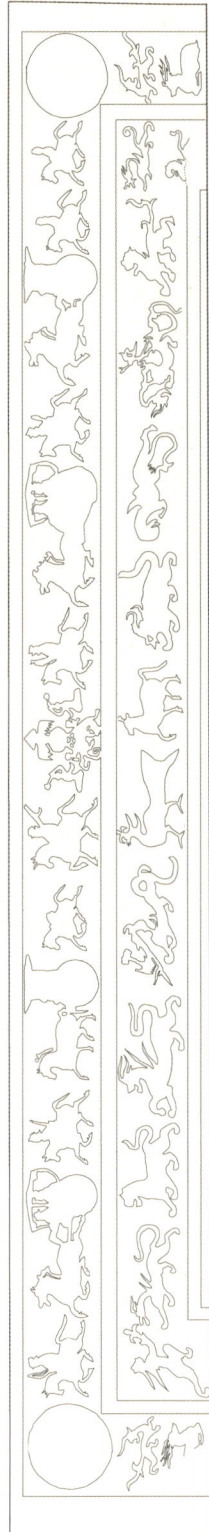

编号　　　　　SSX-SD-103-16
时代　　　　　东汉
原收藏号　　　2233-105
出土地　　　　辛店乡延家岔
原石尺寸　　　277×38×9
画面尺寸　　　263×35
质地　　　　　砂岩
原石情况　　　原石断为三截。左端下角残。正面、背面平整；下侧面凿人字纹；右侧面平整，凿斜纹；上、左侧面呈毛石状。
所属墓群　　　延家岔 M2
组合关系　　　横楣石，与左、右门柱为墓室前室东壁三石组合。
画面简述　　　画面分内、外两栏。外栏左、右两端阳刻一圆形，象征日、月。日月下有卧麃和龙；画面正中建筑立于雕花鼓座之上，建鼓架上部饰流苏羽葆。两人跪于鼓边，持鼓槌击鼓；左右两边是车骑行进队列。两辆轺车，两辆辎辐车在八名骑吏的导从下行进。下栏为灵禽瑞兽图。有羽人持献瑞草、龙、虎、朱雀、麒麟、独角有翼犀牛形怪兽。
著录与文献　　李林、康兰英、赵力光：《陕北汉代画像石》，西安：陕西人民出版社，1995年，图300；汤池：《中国画像石全集5：陕西、山西汉画像石》，济南：山东美术出版社，2000年，图150；绥德汉画像石展览馆编，王贵龙、王建勤主编：《绥德汉代画像石》，西安：陕西美术出版社，2001年，图31；曹世玉总编：《绥德文库——汉画像石卷》，北京：中国文史出版社，2004年，224页，图182。
出土/征集时间　1977年出土
收藏地　　　　绥德县博物馆

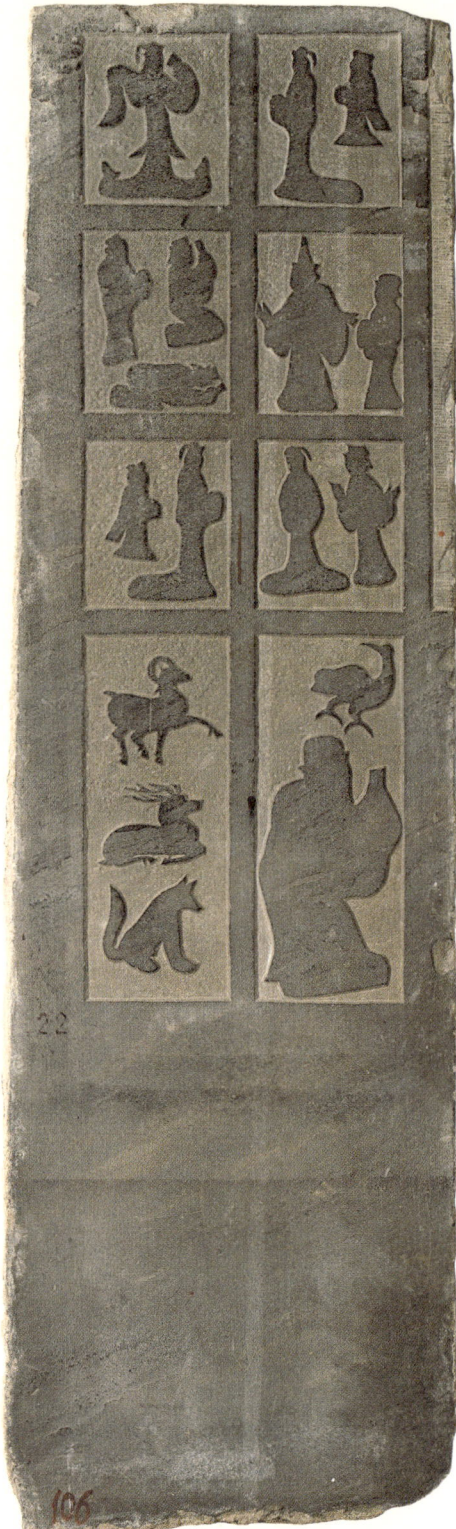

编号	SSX-SD-103-18
时代	东汉
原收藏号	2235-107
出土地	辛店乡延家岔
原石尺寸	147×44
画面尺寸	92×31
质地	砂岩
原石情况	原石上端左、下端右部分残缺。正面、背面、上侧面、右侧面平整；下侧面呈毛石状；左侧面平整，凿斜纹。
所属墓群	延家岔 M2
组合关系	右门柱，与横楣石，左门柱为墓室前室东壁三石组合。
画面简述	画面分为左、右两栏，均自上而下各分为四格。左、右两栏上三格的画面相互组合。第一格：右栏一舞伎头梳垂髻髻，身着袿衣，挥袖而舞；左栏一妇人梳垂髻髻，身着拖地长裙，面舞伎袖手站立观看。一小孩头梳双丫髻，着袍穿披风站立观看。第二格：右栏一人带帻巾着袍，匍匐于地，捧简牍叩拜。一人带帻巾着袍，捧简牍跪于地。一人戴冠着袍，拱手面左而立；左栏一人头戴通天冠，身着长袍，双手摊开，面右站立，似在讲述。身后一小吏拥袖站立。第三格：右栏一妇人梳垂髻髻，身着拖地长裙，面左站立，身后一小孩头梳双丫髻，着袍穿披风站立；左栏一妇人梳垂髻髻，身着拖地长裙站立，身后一人带帻巾着袍站立，双手伸出作讲述状。第四格：右栏盘角羊行走、雄鹿卧伏、一犬蹲立；左栏一鸡扭颈回首，一吏戴冠着袍捧简牍面左恭立。
著录与文献	李林、康兰英、赵力光：《陕北汉代画像石》，西安：陕西人民出版社，1995 年，图 302；绥德汉画像石展览馆编，李贵龙、王建勤主编《绥德汉代画像石》，西安：陕西人民美术出版社，2001 年，73 页，图 31；曹世玉总编《绥德文库——汉画像石卷》，北京：中国文史出版社，2004 年，225 页，图 184。
出土/征集时间	1977 年出土
收藏地	绥德县博物馆
备注	左、右门柱画面使用同一模板制作。

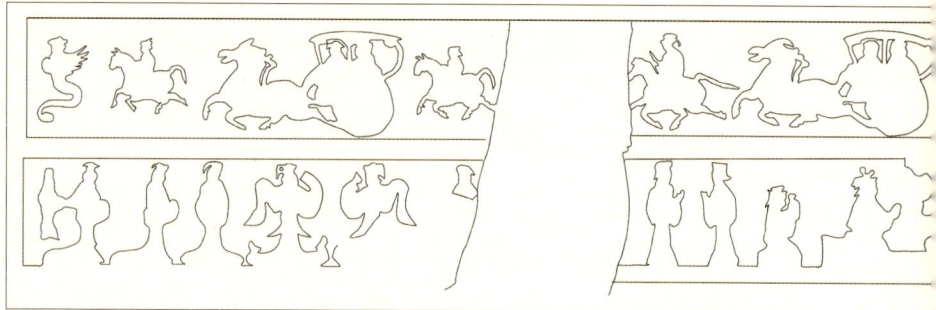
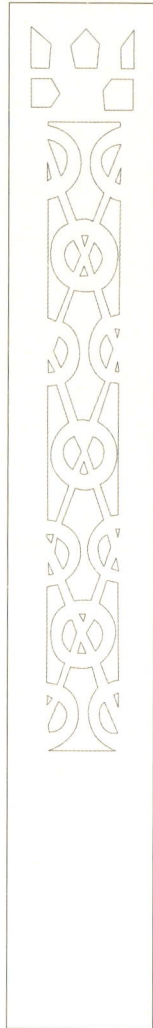

辛店乡延家岔 M2 墓室前室南壁五石组合
SSX-SD-103-19—SSX-SD-103-23

编号	SSX-SD-103-19
时代	东汉
原收藏号	2236-108
出土地	辛店乡延家岔
原石尺寸	255×38×7
画面尺寸	249×30
质地	砂岩
原石情况	原石断为三截，左段有残损。正面、背面平整；上、左侧面平整，凿斜纹；下侧面平整，凿人字纹；右侧面呈毛石状。
所属墓群	延家岔 M2
组合关系	横楣石，与左、右边柱，左、右门柱为墓室前室南壁五石组合。
画面简述	画面分为上、下两栏。上栏左、右两端分别刻画人首人身蛇尾的伏羲、女娲。中间为车骑行进图。三辆轺车、两辆辎车行进，四名骑吏或徒手、或执弓箭、或荷棒导从。下栏刻 26（27？）人，构成九组场面，中间为完璧归赵故事，其他多为对坐相语或相望对语图景。
著录与文献	李林、康兰英、赵力光：《陕北汉代画像石》，西安：陕西人民出版社，1995 年，图 303；汤池：《中国画像石全集 5：陕西、山西汉画像石》，济南：山东美术出版社，2000 年，图 151；绥德汉画像石展览馆编，李贵龙、王建勤主编：《绥德汉代画像石》，西安：陕西人民美术出版社，2001 年，76 页，图 33；曹世玉总编：《绥德文库——汉画像石卷》，北京：中国文史出版社，2004 年，234 页，图 190。
出土/征集时间	1977 年出土
收藏地	绥德县博物馆

编号	SSX-SD-103-21
时代	东汉
原收藏号	2239-111
出土地	辛店乡延家岔
原石尺寸	137×22×7
画面尺寸	96×10
质地	砂岩
原石情况	正面、背面平整；下侧面、右侧面呈毛石状；上侧面平整，左侧面平整，凿斜纹。
所属墓群	延家岔 M2
组合关系	右边柱，与横楣石，左边柱，左、右门柱为墓室前室南壁五石组合。
画面简述	上为斗栱，下为绶带穿璧纹。
著录与文献	李林、康兰英、赵力光：《陕北汉代画像石》，西安：陕西人民出版社，1995年，图307；绥德汉画像石展览馆编，李贵龙、王建勤主编：《绥德汉代画像石》，西安：陕西人民美术出版社，2001年，77页，图33；曹世玉总编：《绥德文库——汉画像石卷》，北京：中国文史出版社，2004年，235页，图194。
出土/征集时间	1977年出土
收藏地	绥德县博物馆

编号	SSX-SD-103-22
时代	东汉
原收藏号	2344-216
出土地	辛店乡延家岔
原石尺寸	144×31×7
画面尺寸	91×15
质地	砂岩
原石情况	正面、背面平整；上侧面凿斜纹；下侧面、左侧面呈毛石状；右侧面平整，凿工整的人字纹。
所属墓群	延家岔 M2
组合关系	左门柱，与横楣石，左、右边柱，右门柱为墓室前室南壁五石组合。
画面简述	画面自上而下分为五格。第一格：一人戴通天冠，着袍面右而坐。身后一人戴帻着袍，袖手站立。第二格：玉兔捣药。第三格：羽人持献瑞草。第四格：一门吏头戴平巾帻，身着长襦大袴，持棨戟面右而立。第五格：吠犬。
著录与文献	李林、康兰英、赵力光:《陕北汉代画像石》，西安：陕西人民出版社，1995 年，图 305；绥德汉画像石展览馆编，李贵龙、王建勤主编:《绥德汉代画像石》，西安：陕西人民美术出版社，2001 年，76 页，图 33；曹世玉总编:《绥德文库——汉画像石卷》，北京：中国文史出版社，2004 年，234 页，图 192。
出土/征集时间	1977 年出土
收藏地	绥德县博物馆

编号	SSX-SD-103-23
时代	东汉
原收藏号	2237-109
出土地	辛店乡延家岔
原石尺寸	113×29×8
画面尺寸	91×15
质地	砂岩
原石情况	正面、背面、上侧面平整；下侧面呈毛石状；左、右侧面平整，凿人字纹。
所属墓群	延家岔 M2
组合关系	右门柱，与横楣石，左、右边柱，左门柱为墓室前室南壁五石组合。
画面简述	画面自上而下分为五格。第一格：一人戴冠着袍面左而坐。身后一人戴帻着袍，手捧简牍跪于地。第二格：玉兔捣药。第三格：羽人持献瑞草。第四格：一人头戴冠，身着襜褕，捧简牍面左而立。第五格：一犬奔走。
著录与文献	李林、康兰英、赵力光：《陕北汉代画像石》，西安：陕西人民出版社，1995 年，图 306；绥德汉画像石展览馆编、李贵龙、王建勤主编：《绥德汉代画像石》，西安：陕西人民美术出版社，2001 年，77 页，图 33；曹世玉总编：《绥德文库——汉画像石卷》，北京：中国文史出版社，2004 年，235 页，图 193。
出土/征集时间	1977 年出土
收藏地	绥德县博物馆

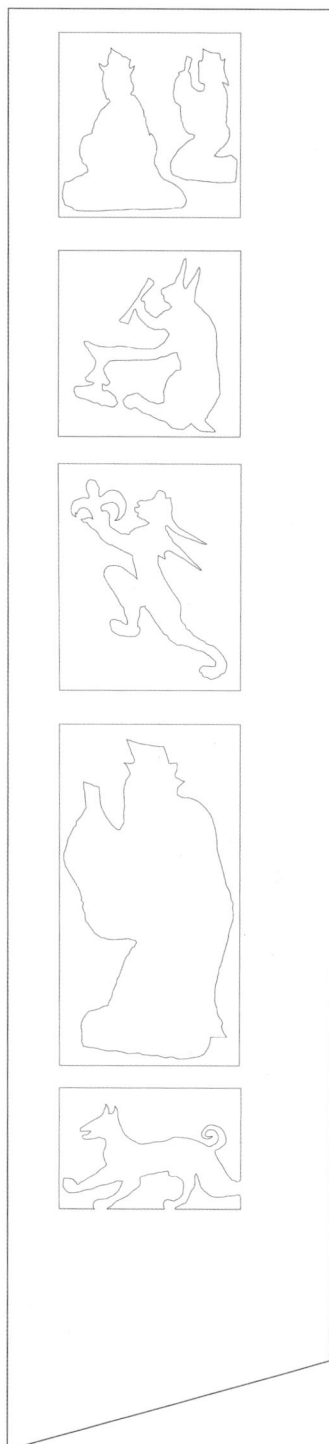

编号	SSX-SD-104-01
时代	东汉
原收藏号	2332-204
出土地	辛店乡延家岔
原石尺寸	145×30×7
画面尺寸	95×13
质地	砂岩
原石情况	正面、背面、上侧面平整；下侧面呈毛石状；左侧面靠正面2.5厘米刻斜纹，靠背面处呈毛石状；右侧面平整，凿斜纹。
所属墓群	不详
组合关系	左边柱，与右边柱为二石组合。
画面简述	卷云纹。
著录与文献	李林、康兰英、赵力光：《陕北汉代画像石》，西安：陕西人民出版社，1995年，图570；曹世玉总编：《绥德文库——汉画像石卷》，北京：中国文史出版社，2004年，301页，图263/264。
出土/征集时间	1977年征集
收藏地	绥德县博物馆

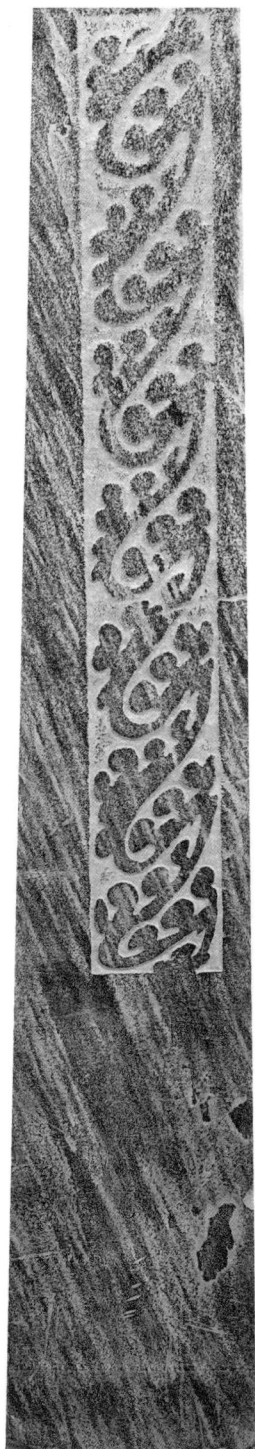

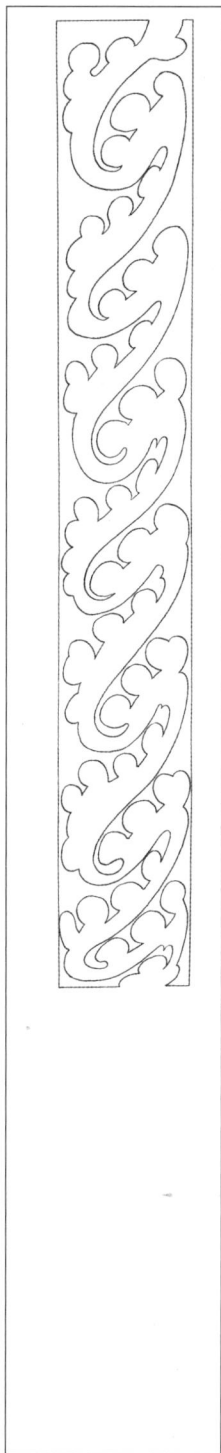

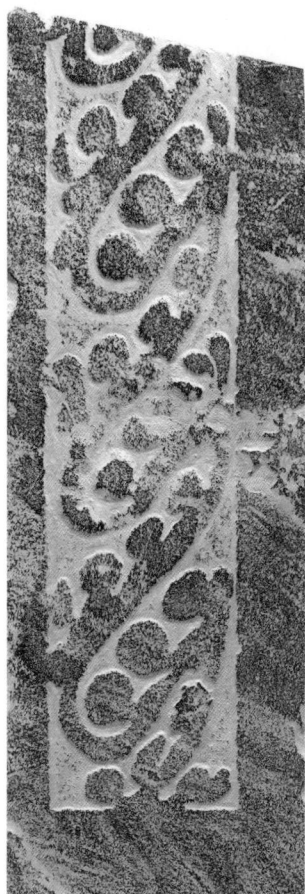

编号	SSX-SD-104-02
时代	东汉
原收藏号	2377-249
出土地	辛店乡延家岔
原石尺寸	67×28×5
画面尺寸	57×14
质地	砂岩
原石情况	原石上段残佚。正面、背面平整；上侧面为断面；下侧面、左侧面呈毛石状；右侧面靠正面 1.5 厘米凿斜纹，靠背面处呈毛石状。
所属墓群	不详
组合关系	右边柱，与左边柱为二石组合。
画面简述	卷云纹。
著录与文献	李林、康兰英、赵力光：《陕北汉代画像石》，西安：陕西人民出版社，1995 年，图 571。
出土/征集时间	1977 年征集
收藏地	绥德县博物馆

编号	SSX-SD-105-01
时代	东汉
原收藏号	2342-214
出土地	辛店乡延家岔
原石尺寸	127×24×6
画面尺寸	85×12
质地	砂岩
原石情况	原石右上角残。正面、背面平整，上、下、左、右侧面均呈毛石状。
所属墓群	不详
组合关系	左边柱，与右边柱为二石组合。
画面简述	卷云纹。
著录与文献	李林、康兰英、赵力光：《陕北汉代画像石》，西安：陕西人民出版社，1995年，图576；曹世玉总编：《绥德文库——汉画像石卷》，北京：中国文史出版社，2004年，300页，图262。
出土/征集时间	1977年征集
收藏地	绥德县博物馆

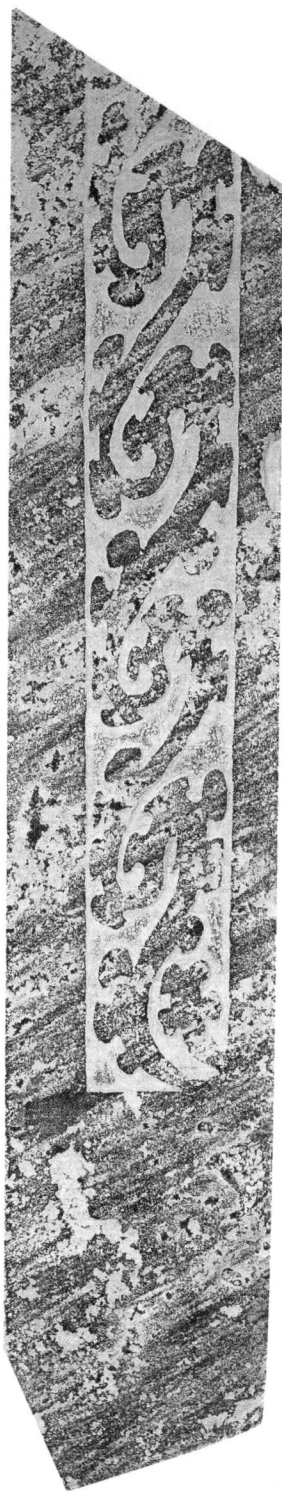

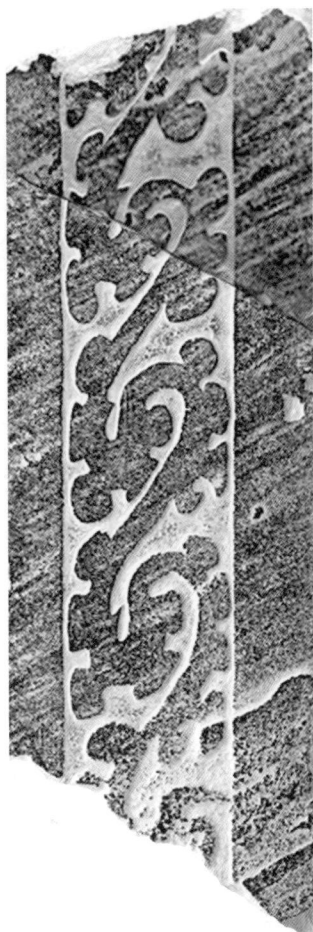

编号	SSX-SD-105-02
时代	东汉
原收藏号	2374-246
出土地	辛店乡延家岔
原石尺寸	64×24×7
画面尺寸	50×13
质地	砂岩
原石情况	原石断为两截，下端石面剥蚀。正面、背面平整，上侧面为断面，下、左、右侧面呈毛石状。
所属墓群	不详
组合关系	右边柱，与左边柱为二石组合。
画面简述	卷云纹。
著录与文献	李林、康兰英、赵力光：《陕北汉代画像石》，西安：陕西人民出版社，1995 年，图 577。
出土/征集时间	1977 年征集
收藏地	绥德县博物馆

编号	SSX-SD-106
时代	东汉
原收藏号	2339-211
出土地	辛店乡延家岔
原石尺寸	148×48
画面尺寸	100×38
质地	砂岩
原石情况	正面、背面平整；上侧面平整；下侧面呈毛石状；左、右侧面平整，凿斜纹。
所属墓群	不详
组合关系	不详
画面简述	画面正中为覆盆式柱础、柱、四层斗栱。柱两侧为绶带穿璧纹。
著录与文献	李林、康兰英、赵力光：《陕北汉代画像石》，西安：陕西人民出版社，1995年，图556；绥德汉画像石展览馆编，李贵龙、王建勤主编：《绥德汉代画像石》，西安：陕西人民美术出版社，2001年，188页，图119;曹世玉总编:《绥德文库——汉画像石卷》，北京：中国文史出版社，2004年，423页，图384。
出土/征集时间	1977年征集
收藏地	绥德县博物馆

辛店乡延家岔墓门面五石组合
SSX-SD-107-01—SSX-SD-107-05

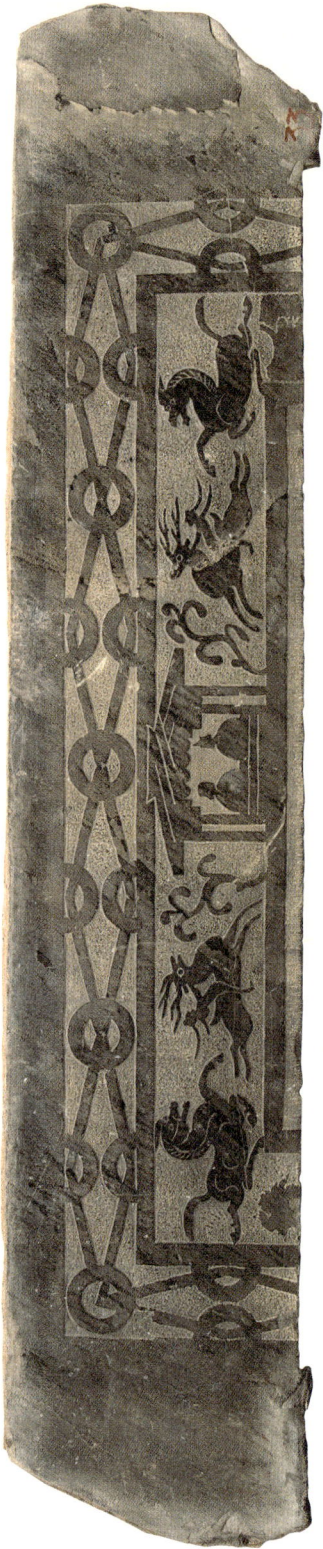

编号　SSX-SD-107-01

时代　东汉

原收藏号　2161-33

出土地　辛店乡延家岔

原石尺寸　195×41×8

画面尺寸　143×31

质地　砂岩

原石情况　正面、背面平整，左、右、下侧面呈毛石状。

所属墓群　不详

组合关系　门楣石、与左、右门柱、左、右门扉为墓门面五石组合。

画面简述　画面分为内、外两栏。外栏为绶带穿璧纹。内栏正中帷幔下垂的厅堂内，二人端坐，居左者挽发髻，似为女性，居右者带尖顶冠，当为男性。厅堂外生长两株与厅堂齐高的瑞草。左，右均刻羽人骑雄鹿奔走，两匹马呼啸奔驰。

著录与文献　汤池：《中国画像石全集 5：陕西、山西汉画像石》，济南：山东美术出版社，2000年，图112；绥德汉画像石展览馆编，李贵龙、王建勤主编：《绥德汉代画像石》，西安：陕西人民美术出版社，2001年，48页，图21；曹世玉总编：《绥德文库——汉画像石卷》，北京：中国文史出版社，2004年，168页，图113。

出土/征集时间　1980年征集

收藏地　绥德县博物馆

编号	SSX-SD-107-02
时代	东汉
原收藏号	2162-34
出土地	辛店乡延家岔
原石尺寸	119×34×8
画面尺寸	73×24
质地	砂岩
原石情况	正面、背面、上侧面平整；下侧面呈毛石状；左侧面平整，凿斜纹；右侧面平整，凿人字纹。
所属墓群	不详
组合关系	左门柱，与门楣石，右门柱，左、右门扉为墓门面五石组合。
画面简述	画面分为内、外两栏。外栏为绥带穿璧纹，与门楣石外栏的绥带穿璧纹相衔接。内栏上为鸡首人身神端坐于仙山神树之巅，神树树干上阴线刻三个符号，其意不明。下为阙楼下站立门吏，戴巾着长襦，拥彗面门而立。
著录与文献	汤池：《中国画像石全集5：陕西、山西汉画像石》，济南：山东美术出版社，2000年，图112；绥德汉画像石展览馆编，李贵龙、王建勤主编：《绥德汉代画像石》，西安：陕西人民美术出版社，2001年，48页，图21；曹世玉总编：《绥德文库——汉画像石卷》，北京：中国文史出版社，2004年，168页，图114。
出土/征集时间	1980年征集
收藏地	绥德县博物馆

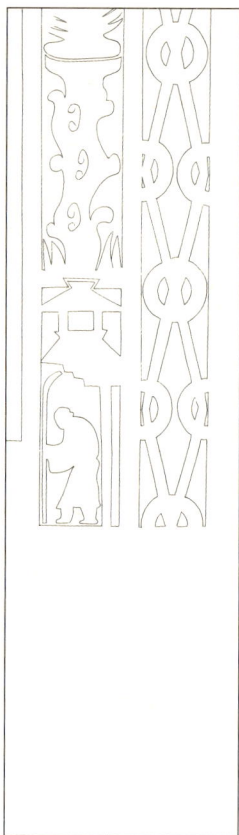

编号	SSX-SD-107-03
时代	东汉
原收藏号	2163-35
出土地	辛店乡延家岔
原石尺寸	118×34×9
画面尺寸	72×24
质地	砂岩
原石情况	正面、背面、上侧面、右侧面平整；下侧面呈毛石状；左侧面平整，凿人字纹。
所属墓群	不详
组合关系	右门柱，与门楣石，左门柱，左、右门扉为墓门面五石组合。
画面简述	画面分为内、外两栏。外栏为绶带穿璧纹，与门楣石外栏的绶带穿璧纹相衔接。内栏上为牛首人身神端坐于仙山神树之巅，神树树干上阴线刻三个符号，其意不明。下为阙楼下站立门吏，戴巾着长襦，拥彗弯腰面门而立。
著录与文献	汤池：《中国画像石全集5：陕西、山西汉画像石》，济南：山东美术出版社，2000年，图112；绥德汉画像石展览馆编，李贵龙、王建勤主编：《绥德汉代画像石》，西安：陕西人民美术出版社，2001年，49页，图21；曹世玉总编：《绥德文库——汉画像石卷》，北京：中国文史出版社，2004年，169页，图117。
出土/征集时间	1980年征集
收藏地	绥德县博物馆

编号	SSX-SD-107-04
时代	东汉
原收藏号	2164-36
出土地	辛店乡延家岔
原石尺寸	120×50×4
画面尺寸	96×35
质地	砂岩
原石情况	正面平整；背面、上侧面、下侧面、左侧面呈毛石状；右侧面呈马蹄面，凿斜纹。
所属墓群	不详
组合关系	左门扉，与门楣石，左、右门柱，右门扉为墓门面五石组合。
画面简述	朱雀、铺首、翼龙。龙首前一株高大的瑞草。朱雀的眼、铺首的五官、龙的眼均以阴线刻画，铺首的口腔阴刻。
著录与文献	汤池：《中国画像石全集 5：陕西、山西汉画像石》，济南：山东美术出版社，2000 年，图 170；绥德汉画像石展览馆编、李贵龙、王建勤主编：《绥德汉代画像石》，西安：陕西人民美术出版社，2001 年，48 页，图 21；曹世玉总编：《绥德文库——汉画像石卷》，北京：中国文史出版社，2004 年，168 页，图 115。
出土/征集时间	1980 年征集
收藏地	绥德县博物馆

编号	SSX-SD-107-05
时代	东汉
原收藏号	2165-37
出土地	辛店乡延家岔
原石尺寸	113×49×5
画面尺寸	97×35
质地	砂岩
原石情况	正面、背面平整；右侧面呈毛石状；上、下侧面呈毛石状；左侧面呈马蹄面，凿斜纹。
所属墓群	不详
组合关系	右门扉，与门楣石，左、右门柱，左门扉为墓门面五石组合。
画面简述	朱雀、铺首、翼虎。虎首前一株高大的瑞草。朱雀的眼、铺首的五官、虎的眼以阴线刻画，铺首的口腔阴刻。
著录与文献	汤池：《中国画像石全集 5：陕西、山西汉画像石》，济南：山东美术出版社，2000 年，图 171；绥德汉画像石展览馆编，李贵龙、王建勤主编：《绥德汉代画像石》，西安：陕西人民美术出版社，2001 年，49 页，图 21；曹世玉总编：《绥德文库——汉画像石卷》，北京：中国文史出版社，2004 年，168 页，图 116。
出土/征集时间	1980 年征集
收藏地	绥德县博物馆

编号	SSX-SD-108
时代	东汉
原收藏号	2170-42
出土地	辛店乡延家岔
原石尺寸	57×42×7
画面尺寸	50×29
质地	砂岩
原石情况	原石上、下段残佚。正面、背面平整；上、下侧面为断面；左侧面呈毛石状；右侧面平整，凿人字纹。
所属墓群	不详
组合关系	不详
画面简述	画面残存五格。左上为一妇人和一小孩站立。左中为一辆辎车及奔马。左下为一辆屏车。右上为一舞伎挥袖而舞，右中一马伫立。
著录与文献	未发表
出土/征集时间	1980 年征集
收藏地	绥德县博物馆

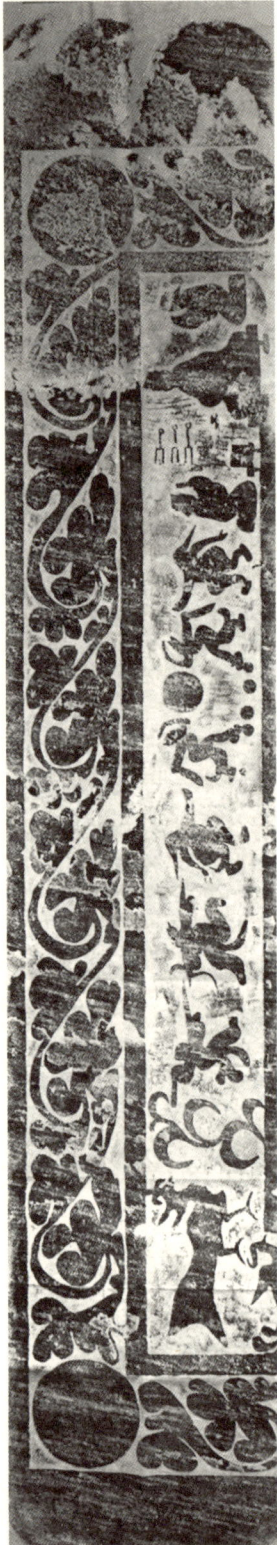

编号	SSX-SD-109-01
时代	东汉
原收藏号	不详
出土地	义合镇大狐梁
原石尺寸	187×43
画面尺寸	不详
质地	砂岩
原石情况	正面平整。
所属墓群	不详
组合关系	门楣石、与左、右门柱、左、右门扉为墓门面五石组合。
画面简述	画面分内、外两栏。外栏为卷云纹。左右两端阳刻一圆形，象征日、月。内栏左段为两只朱雀一飞一立。一株高大的瑞草"顶天立地"。中间左为技击图，右为鼙鼓盘舞图。右段为拜谒图。画面中一人戴进贤冠，着袍袖手坐于榻上。面前一人戴冠着袍，双手捧着袍，跪于地上恭拜。身后一人戴帻着袍，双手捧简牍，跪于地上恭拜。榻前置放叉子、几案，显为迎宾宴饮的陈设。
著录与文献	陕西省博物馆、陕西省文物管理委员会合编:《陕北东汉画像石刻选集》, 北京: 文物出版社, 1959年, 69页, 图60; 李林、康兰英、赵力光:《陕北汉代画像石》, 西安: 陕西人民出版社, 1995年, 图216; 绥德汉画像石展览馆编, 李贵龙、王建勤主编:《绥德汉代画像石》, 西安: 陕西人民美术出版社, 2001年, 46/138页, 图19/74; 曹世玉总编:《绥德文库——汉画像石卷》, 北京: 中国文史出版社, 2004年, 270/376页, 图229/349。
出土/征集时间	1956年征集
收藏地	西安碑林博物馆

编号	SSX-SD-109-02
时代	东汉
原收藏号	不详
出土地	义合镇大坬梁
原石尺寸	118×40
画面尺寸	不详
质地	砂岩
原石情况	正面平整。
所属墓群	不详
组合关系	左门柱，与门楣石，右门柱，左、右门扉为墓门面五石组合。
画面简述	画面分为上、下两格。上格分为内、外两栏。外栏为卷云纹，与门楣石外栏的卷云纹衔接，下有熊承托。内栏上为西王母头戴胜仗，着袍端坐于仙山神树之上，左右有玉兔和羽人跪侍，树干间有狐、鹿、飞鸟、瑞草。下为一门吏头戴平巾帻，身着长襦大袴，拥彗面门而立。下格为玄武。
著录与文献	陕西省博物馆、陕西省文物管理委员会合编：《陕北东汉画像石刻选集》，北京：文物出版社，1959年，71页，图62；李林、康兰英、赵力光：《陕北汉代画像石》，西安：陕西人民出版社，1995年，图217；绥德汉画像石展览馆编，李贵龙、王建勤主编：《绥德汉代画像石》，西安：陕西人民美术出版社，2001年，46页，图19；曹世玉总编：《绥德文库——汉画像石卷》，北京：中国文史出版社，2004年，270页，图230。
出土/征集时间	1956年征集
收藏地	西安碑林博物馆

编号	SSX-SD-109-03
时代	东汉
原收藏号	不详
出土地	义合镇大坬梁
原石尺寸	138×40
画面尺寸	不详
质地	砂岩
原石情况	正面平整。
所属墓群	不详
组合关系	右门柱,与门楣石,左门柱,左、右门扉为墓门面五石组合。
画面简述	画面分为上、下两格。上格分为内、外两栏。外栏为卷云纹,与门楣石外栏的卷云纹衔接,下有熊承托。内栏上为东王公端坐于仙山神树之上,与羽人博弈。树干间有龙首从上伸出,一雄鹿站立。下为一门吏头戴平巾帻,身着长襦大袴,持棨戟面门而立。下格为玄武。
著录与文献	陕西省博物馆、陕西省文物管理委员会合编:《陕北东汉画像石刻选集》,北京:文物出版社,1959 年,71 页,图 63;李林、康兰英、赵力光:《陕北汉代画像石》,西安:陕西人民出版社,1995 年,图 220;绥德汉画像石展览馆编、李贵龙、王建勤主编:《绥德汉代画像石》,西安:陕西人民美术出版社,2001 年,46 页,图 19;曹世玉总编:《绥德文库——汉画像石卷》,北京:中国文史出版社,2004 年,271 页,图 233。
出土/征集时间	1956 年征集
收藏地	西安碑林博物馆

编号	SSX-SD-109-04
时代	东汉
原收藏号	不详
出土地	义合镇大坬梁
原石尺寸	110×53
画面尺寸	不详
质地	砂岩
原石情况	正面平整。
所属墓群	不详
组合关系	左门扉，与门楣石，左、右门柱，右门扉为墓门面五石组合。
画面简述	朱雀、铺首、独角兽图。
著录与文献	李林、康兰英、赵力光：《陕北汉代画像石》，西安：陕西人民出版社，1995年，图218；绥德汉画像石展览馆编，李贵龙、王建勤主编：《绥德汉代画像石》，西安：陕西人民美术出版社，2001年，46页，图19；曹世玉总编：《绥德文库——汉画像石卷》，北京：中国文史出版社，2004年，270页，图231。
出土/征集时间	1956年征集
收藏地	西安碑林博物馆

编号	SSX-SD-109-05
时代	东汉
原收藏号	不详
出土地	义合镇大坬梁
原石尺寸	110×53
画面尺寸	不详
质地	砂岩
原石情况	正面平整。
所属墓群	不详
组合关系	右门扉，与门楣石，左、右门柱，左门扉为墓门面五石组合。
画面简述	朱雀、铺首、独角兽图。
著录与文献	陕西省博物馆、陕西省文物管理委员会合编：《陕北东汉画像石刻选集》，北京：文物出版社，1959年，74页，图69；李林、康兰英、赵力光：《陕北汉代画像石》，西安：陕西人民出版社，1995年，图219；绥德汉画像石展览馆编，李贵龙、王建勤主编：《绥德汉代画像石》，西安：陕西人民美术出版社，2001年，46页，图19；曹世玉总编：《绥德文库——汉画像石卷》，北京：中国文史出版社，2004年，271页，图232。
出土/征集时间	1956年征集
收藏地	西安碑林博物馆

编号	SSX-SD-100-27
时代	东汉
原收藏号	不详
出土地	辛店乡延家岔
原石尺寸	不详
画面尺寸	不详
质地	砂岩
原石情况	不详
所属墓群	延家岔 M1
组合关系	不详
画面简述	此石只绘未刻。石面中部白彩涂绘一圆形，内墨线勾画蟾蜍。圆轮周围朱绘许多条头朝内尾向外的小龙。此石两边装有与其规格相仿的两方石块，以墨线勾画格栏，内写文字。遗憾的是清理时只见墨痕，无法辨识。
著录与文献	戴应新、李仲煊：《陕西绥德县延家岔东汉画像石墓》，《考古》1983 年 3 期；
出土/征集时间	1975 年出土
收藏地	绥德县博物馆
备注	墓室顶部石